LA REINE
MARGOT

PAR

ALEXANDRE DUMAS

6

PARIS

MICHEL LÉVY FRÈRES, ÉDITEURS, | PÉTION, ÉDITEUR,
1, rue Vivienne. | 11, rue du Jardinet.

1847

LA REINE MARGOT.

PÉTION, éditeur, 11, rue du Jardinet. — MICHEL LÉVY frères, éditeurs, 1, rue Vivienne.

ALEXANDRE DUMAS

DEUXIÈME ÉDITION IN-8° DE CABINET DE LECTURE.

LES TROIS MOUSQUETAIRES.	8 vol.	40 f.
VINGT ANS APRÈS.	8 »	40 f.
LA REINE MARGOT.	6 »	30 f.
LE COMTE DE MONTE-CRISTO.	12 »	60 f.

LA REINE MARGOT et VINGT ANS APRÈS, 14 vol. Au lieu de 70 fr............ **60 fr.**

LA REINE MARGOT, VINGT ANS APRÈS et LES TROIS MOUSQUETAIRES, 22 vol. — Au lieu de 110 fr............ **90 fr.**

LA REINE MARGOT, VINGT ANS APRÈS, LES TROIS MOUSQUETAIRES et MONTE-CRISTO, 34 vol. — Au lieu de 170 fr. **140 fr.**

Pour faciliter l'acquisition de ces ouvrages, qu'on regarde généralement comme les chefs-d'œuvre de leur auteur, les Éditeurs offrent les avantages suivants :

Imprimerie de E. Dépée, à Sceaux (Seine.)

LA REINE
MARGOT

PAR

ALEXANDRE DUMAS.

6

PARIS
MICHEL LÉVY FRÈRES, ÉDITEURS, | PÉTION, ÉDITEUR,
1, rue Vivienne. | 11, rue du Jardinet
1847

I

Actéon.

Charles, resté seul, s'étonna de n'avoir pas vu paraître l'un ou l'autre de ses deux fidèles ; ses deux fidèles étaient sa nourrice Madeleine et son lévrier Actéon.

— La nourrice sera allée chanter ses psaumes chez quelque huguenot de sa connaissance, se dit-il, et Actéon me boude encore du coup de fouet que je lui ai donné ce matin.

En effet, Charles prit une bougie, et passa chez la bonne femme. La bonne femme n'était pas chez elle. Une porte de l'appartement de Madeleine donnait, on se le rappelle, dans le cabinet des armes. Il s'approcha de cette porte.

Mais, dans le trajet, une de ces crises qu'il avait déjà éprouvées, et qui semblait s'abattre sur lui tout à coup, le reprit. Le roi souffrait comme si l'on eût fouillé ses entrailles avec un fer rouge. Une soif inextinguible le dévorait, il vit une tasse de lait sur une table, l'avala d'un trait, et se sentit un peu calmé.

Alors il reprit la bougie, qu'il avait posée sur un meuble, et entra dans le cabinet.

A son grand étonnement, Actéon ne vint pas au devant de lui. L'avait-on enfermé? En ce cas, il sentirait que son maître est revenu de la chasse, et hurlerait.

Charles appela, siffla ; rien ne parut.

Il fit quatre pas en avant ; et, comme la lumière de la bougie parvenait jusqu'à l'angle du cabinet, il aperçut dans cet angle une masse inerte étendue sur le carreau.

— Holà ; Actéon ! holà ! dit Charles.

Et il siffla de nouveau.

Le chien ne bougea point.

Charles courut à lui, et le toucha ; le pauvre animal était raide et froid. De sa gueule, contractée par la douleur, quelques gouttes de fiel étaient tombées, mêlées à une bave écumeuse et sanglante. Le chien avait trouvé dans le cabinet une barette de son maître, et il avait voulu mourir en appuyant sa tête sur cet objet qui lui représentait un ami.

A ce spectacle, qui lui fit oublier ses propres douleurs et lui rendit toute son énergie, la colère bouillonna dans les veines de Charles, il voulut crier; mais, enchaînés qu'ils sont dans leurs grandeurs, les rois ne sont pas libres de ce premier mouvement que tout homme fait tourner au profit de sa passion ou de sa défense. Charles réfléchit qu'il y avait là quelque trahison, et se tut.

Alors il s'agenouilla devant son chien, et examina le cadavre d'un œil expert. L'œil était vitreux, la langue rouge et criblée de pustules. C'était une étrange maladie, et qui fit frissonner Charles.

Le roi remit ses gants, qu'il avait ôtés et passés à sa ceinture, souleva la lèvre livide du chien pour examiner les dents, et aperçut dans les interstices quelques fragments blanchâtres accrochés aux pointes des crocs aigus.

Il détacha ces fragements, et reconnut que c'était du papier.

Près de ce papier l'enflure était plus violente, les gencives étaient tuméfiées et la peau était rongée comme par du vitriol.

Charles regarda attentivement autour de lui. Sur le tapis gisaient deux ou trois parcelles de papier semblable à celui qu'il avait déjà reconnu dans la bouche du chien. L'une de ces parcelles, plus large que les autres, offrait des traces d'un dessin sur bois.

Les cheveux de Charles se hérissèrent sur sa tête, il reconnut un fragment de cette image représentant un seigneur chassant au vol, et qu'Actéon avait arrachée de son livre de chasse.

— Ah! dit-il en pâlissant, le livre était empoisonné.

Puis tout à coup rappelant ses souvenirs :

— Mille démons ! s'écria-t-il, j'ai touché chaque page de mon doigt, et à chaque page j'ai porté mon doigt à ma bouche pour le mouiller. Ces évanouissements, ces douleurs, ces vomissements !... Je suis mort !

Charles demeura un instant immobile sous le poids de cette effroyable idée. Puis, se relevant avec un rugissement sourd, il s'élança vers la porte de son cabinet.

— Maître René ! cria-t-il, maître René le Florentin ! qu'on coure au pont Saint-Michel, et qu'on me l'amène; dans dix minutes il faut qu'il soit ici. Que l'un de vous monte à cheval et prenne un cheval de main pour être plus tôt de retour. Quant à maître Ambroise Paré, s'il vient, vous le ferez attendre.

Un garde partit tout courant pour obéir à l'ordre donné.

— Oh! murmura Charles, quand je devrais faire donner la torture à tout le monde, je saurai qui a donné ce livre à Henriot.

Et, la sueur au front, les mains crispées, la poitrine haletante, Charles demeura les yeux fixés sur le cadavre de son chien.

Dix minutes après, le Florentin heurta timidement; et non sans inquiétude, à la porte du roi. Il est de certaines consciences pour lesquelles le ciel n'est jamais pur.

— Entrez, dit Charles.

Le parfumeur parut. Charles marcha à lui l'air impérieux et la lèvre crispée.

— Votre Majesté m'a fait demander, dit René tout tremblant.

— Oui. Vous êtes habile chimiste, n'est-ce pas ?

— Sire...

— Et vous savez tout ce que savent les plus habiles médecins ?

— Votre Majesté exagère.

— Non; ma mère me l'a dit. D'ailleurs j'ai confiance en vous, et j'ai mieux aimé vous consulter, vous, que tout autre. Tenez, continua-t-il en démasquant le cadavre du chien, regardez, je vous prie, ce que cet animal a entre les dents, et dites-moi de quoi il est mort.

Pendant que René, la bougie à la main, se baissait jusqu'à terre autant pour dissimuler son émotion que pour obéir au roi, Charles, debout, les yeux fixés sur cet homme, attendait avec une impatience facile à comprendre la parole qui devait être sa sentence de mort ou son gage de salut.

René tira une espèce de scalpel de sa poche, l'ouvrit, et, du bout de la pointe, détacha de la gueule du lévrier les parcelles de papier adhérentes à ses gencives, et regarda longtemps et avec attention le fiel et le sang que distillait chaque plaie.

— Sire, dit-il en tremblant, voilà de bien tristes symptômes.

Charles sentit un frisson glacé courir dans ses veines et pénétrer jusqu'à son cœur.

— Oui, dit-il, ce chien a été empoisonné, n'est-ce pas ?

— J'en ai peur, Sire.

— Et avec quel genre de poison ?

— Avec un poison minéral, à ce que je suppose.

— Pourriez-vous acquérir la certitude qu'il a été empoisonné ?

— Oui, sans doute, en l'ouvrant et en examinant l'estomac.

— Ouvrez-le ; je veux ne conserver aucun doute.

— Il faudrait appeler quelqu'un pour m'aider.

— Je vous aiderai, moi, dit Charles.

— Vous, Sire !

— Oui, moi. Et, s'il est empoisonné, quels symptômes trouverons-nous ?

— Des rougeurs et des herborisations dans l'estomac.

— Allons, dit Charles, à l'œuvre.

René d'un coup de scalpel ouvrit la poitrine du lévrier, et l'écarta avec force de ses deux mains, tandis que Charles, un genou en terre, éclairait d'une main crispée et tremblante.

— Voyez, Sire, dit René, voyez, voici des traces évidentes. Ces rougeurs sont celles que je vous ai prédites; quant à ces veines sanguinolentes, qui semblent les racines d'une plante, c'est ce que je désignais sous le nom d'herborisations. Je trouve ici tout ce que je cherchais.

— Ainsi le chien est empoisonné?

— Oui, Sire.

— Avec un poison minéral?

— Selon toute probabilité.

— Et qu'éprouverait un homme qui, par mégarde, aurait avalé de ce même poison?

— Une grande douleur de tête, des brûlures intérieures, comme s'il eût avalé des charbons ardents; des douleurs d'entrailles, des vomissements.

— Et aurait-il soif? demanda Charles.

— Une soif inextinguible.

— C'est bien cela, c'est bien cela, murmura le roi.

— Sire, je cherche en vain le but de toutes ces demandes.

— A quoi bon le chercher? Vous n'avez pas besoin de le savoir. Répondez à nos questions, voilà tout.

— Que Votre Majesté m'interroge.

— Quel est le contre-poison à administrer à un homme qui aurait avalé la même substance que mon chien ?

René réfléchit un instant.

— Il y a plusieurs poisons minéraux, dit-il : je voudrais bien, avant de répondre, savoir duquel il s'agit. Votre Majesté a-t-elle quelque idée de la façon dont son chien a été empoisonné ?

— Oui, dit Charles : il a mangé une feuille d'un livre.

— Une feuille d'un livre ?

— Oui.

— Et Votre Majesté a-t-elle ce livre ?

— Le voilà, dit Charles en prenant le manuscrit de chasse sur le rayon où il l'avait placé et en le montrant à René.

René fit un mouvement de surprise qui n'échappa point au roi.

— Il a mangé une feuille de ce livre? balbutia René.

— Celle-ci.

Et Charles montra la feuille déchirée.

— Permettez-vous que j'en déchire une autre, Sire?

— Faites.

René déchira une feuille, l'approcha de la bougie. Le papier prit feu, et une forte odeur alliacée se répandit dans le cabinet.

— Il a été empoisonné avec une mixture d'arsenic, dit-il.

— Vous en êtes sûr?

— Comme si je l'avais préparée moi-même.

— Et le contre-poison?...

René secoua la tête.

— Comment, dit Charles d'une voix rauque, vous ne connaissez pas de remède?

— Le meilleur et le plus efficace sont des blancs d'œufs battus dans du lait; mais...

— Mais... quoi?

— Mais il faudrait qu'il fût administré aussitôt, sans cela...

— Sans cela?

— Sire, c'est un poison terrible, reprit encore une fois René.

— Il ne tue pas tout de suite cependant, dit Charles.

— Non, mais il tue sûrement, peu importe

le temps qu'on mette à mourir, et quelquefois même c'est un calcul.

Charles s'appuya sur la table de marbre.

— Maintenant, dit-il en posant la main sur l'épaule de René, vous connaissez ce livre ?

— Moi, Sire ! dit René en pâlissant.

— Oui, vous, en l'apercevant vous vous êtes trahi.

— Sire, je vous jure...

— René, dit Charles, écoutez bien ceci : Vous avez empoisonné la reine de Navarre avec des gants ; vous avez empoisonné le prince de Porcian avec la fumée d'une lampe ; vous avez essayé d'empoisonner M. de Condé avec une pomme de senteur. René, je vous ferai enlever la chair lambeau par lambeau avec une tenaille rougie, si vous ne me dites pas à qui appartenait ce livre.

Le Florentin vit qu'il n'y avait pas à plaisanter avec la colère de Charles IX, et résolut de payer d'audace.

— Et si je dis la vérité, Sire, qui me garantira que je ne serai pas puni plus cruellement encore que si je me tais?

— Moi.

— Me donnerez-vous votre parole royale?

— Foi de gentilhomme, vous aurez la vie sauve, dit le roi.

— En ce cas, ce livre m'appartient, dit-il.

— A vous! fit Charles en se reculant et en regardant l'empoisonneur d'un œil égaré.

— Oui, à moi.

— Et comment est-il sorti de vos mains ?

— C'est Sa Majesté la reine-mère qui l'a pris chez moi.

— La reine-mère! s'écria Charles.

— Oui.

— Mais dans quel but?

— Dans le but, je crois, de le faire porter au roi de Navarre, qui avait demandé au duc d'Alençon un livre de ce genre pour étudier la chasse au vol.

— Oh! s'écria Charles, c'est celà; je tiens tout. Ce livre, en effet, était chez Henriot. Il y a une destinée, et je la subis.

En ce moment Charles fut pris d'une toux sèche et violente, à laquelle succéda une nouvelle douleur d'entrailles. Il poussa deux ou trois cris étouffés, et se renversa sur sa chaise.

— Qu'avez-vous, Sire? demanda René d'une voix épouvantée.

— Rien, dit Charles; seulement j'ai soif, donnez-moi à boire.

René emplit un verre d'eau et le présenta d'une main tremblante à Charles, qui l'avala d'un seul trait.

— Maintenant, dit Charles prenant une plume et la trempant dans l'encre, écrivez sur ce livre :

— Que faut-il que j'écrive?

— Ce que je vais vous dicter :

« Ce manuel de chasse au vol a été donné par moi à la reine-mère Catherine de Médicis. »

René prit la plume et écrivit.

— Et maintenant signez.

Le Florentin signa.

— Vous m'avez promis la vie sauve, dit le parfumeur.

— Et, de mon côté, je vous tiendrai parole.

— Mais, dit René, du côté de la reine-mère ?

— Oh ! de ce côté, dit Charles, cela ne me regarde plus ; si on vous attaque, défendez-vous.

— Sire, puis-je quitter la France quand je croirai ma vie menacée ?

— Je vous répondrai à cela dans quinze jours.

— Mais en attendant...

Charles posa, en fronçant le sourcil, son doigt sur ses lèvres livides.

— Oh! soyez tranquille, Sire.

Et, trop heureux d'en être quitte à si bon marché, le Florentin s'inclina et sortit.

Derrière lui, la nourrice apparut à la porte de sa chambre.

— Qu'y a-t-il donc, mon Charlot? dit-elle.

— Nourrice, il y a que j'ai marché dans la rosée, et que cela m'a fait mal.

— En effet, tu es bien pâle, mon Charlot.

— C'est que je suis bien faible. Donne-moi le bras, nourrice, pour aller jusqu'à mon lit.

La nourrice s'avança vivement. Charles s'appuya sur elle et gagna sa chambre.

— Maintenant, dit Charles, je me mettrai au lit tout seul.

— Et si maître Ambroise Paré vient?

— Tu lui diras que je vais mieux et que je n'ai plus besoin de lui.

— Mais, en attendant, que prendras-tu ?

— Oh! une médecine bien simple, dit Charles, des blancs d'œufs battus dans du lait. A propos, nourrice, continua-t-il, ce pauvre Actéon est mort. Il faudra, demain matin, le faire enterrer dans un coin du jardin du Louvre. C'était un de mes meilleurs amis... Je lui ferai faire un tombeau,... si j'en ai le temps.

II

Le bois de Vincennes.

Ainsi que l'ordre en avait été donné par Charles IX, Henri fut conduit le même soir au bois de Vincennes. C'est ainsi qu'on appelait à cette époque le fameux château dont il ne reste plus aujourd'hui qu'un débris, fragment colossal qui suffit à donner une idée de sa grandeur passée.

Le voyage se fit en litière. Quatre gardes

marchaient de chaque côté. M. de Nancey, porteur de l'ordre qui devait ouvrir à Henri les portes de la prison protectrice, marchait le premier.

A la poterne du donjon, on s'arrêta. M. de Nancey descendit de cheval, ouvrit la portière fermée à cadenas, et invita respectueusement le roi à descendre.

Henri obéit sans faire la moindre observation. Toute demeure lui semblait plus sûre que le Louvre, et dix portes se fermant sur lui se fermaient en même temps entre lui et Catherine de Médicis.

Le prisonnier royal traversa le pont-levis entre deux soldats, franchit les trois portes du bas du donjon et les trois portes du bas de l'escalier; puis, toujours précédé de M. de Nancey, il monta un étage. Arrivé là, le capitaine des gardes, voyant qu'il s'apprêtait à monter encore, lui dit :

— Monseigneur, arrêtez-vous là.

— Ah! ah! ah! dit Henri en s'arrêtant, il paraît qu'on me fait les honneurs du premier étage.

— Sire, répondit M. de Nancey, on vous traite en tête couronnée.

— Diable! diable? se dit Henri, deux ou trois étages de plus ne m'auraient aucunement humilié. Je serai trop bien ici : on se doutera de quelque chose.

— Votre Majesté veut-elle me suivre? dit M. de Nancey.

— Ventre-saint-gris! dit le roi de Navarre, vous savez bien, Monsieur, qu'il ne s'agit point ici de ce que je veux ou de ce que je ne veux pas, mais de ce qu'ordonne mon frère Charles. Ordonne-t-il que je vous suive?

— Oui, Sire.

— En ce cas, je vous suis, Monsieur.

On s'engagea dans une espèce de corridor à l'extrémité duquel on se trouva dans une salle assez vaste, aux murs sombres et d'un aspect parfaitement lugubre.

Henri regarda autour de lui avec un regard qui n'était pas exempt d'inquiétude.

— Où sommes-nous? dit-il.

— Nous traversons la salle de la question, Monseigneur.

— Ah! ah! fit le roi.

Et il regarda plus attentivement.

Il y avait un peu de tout dans cette chambre : des brocs et des chevalets pour la question de l'eau, des coins et des maillets pour la question des brodequins ; en outre, des siéges de pierre destinés aux malheureux qui attendaient la torture faisaient à peu près le tour de la salle, et au-dessus de ces siéges, à ces siéges eux-mêmes, au pied de ces siéges, étaient des anneaux de fer scellés dans le mur, sans autre symétrie que celle de l'art tortionnaire. Mais leur proximité des siéges indiquait assez qu'ils étaient là pour attendre les membres de ceux qui seraient assis.

Henri continua son chemin sans dire une parole, mais ne perdant pas un détail de tout cet appareil hideux, qui écrivait pour ainsi dire, l'histoire de la douleur sur les murailles.

Cette attention à regarder autour de lui

fit qu'Henri ne regarda point à ses pieds et trébucha.

— Eh ! dit-il, qu'est-ce donc que cela ?

Et il montrait une espèce de sillon creusé sur la dalle humide qui faisait le plancher.

— C'est la gouttière, Sire.

— Il pleut donc ici ?

— Oui, Sire, du sang.

— Ah ! ah ! dit Henri, fort bien. Est-ce que nous n'arriverons pas bientôt à ma chambre ?

— Si fait, Monseigneur, nous y sommes, dit une ombre qui se dessinait dans l'obscurité et qui devenait, à mesure qu'on s'approchait d'elle, plus visible et plus palpable.

Henri, qui croyait avoir reconnu la voix, fit quelques pas et reconnut la figure.

— Tiens! c'est vous, Beaulieu, dit-il, et que diable faites-vous ici?

— Sire, je viens de recevoir ma nomination au gouvernement de la forteresse de Vincennes.

— Eh bien! mon cher ami, votre début vous fait honneur; un roi pour prisonnier, ce n'est point mal.

— Pardon, Sire, reprit Beaulieu, mais avant vous j'ai déjà reçu deux gentilshommes.

— Lesquels? Ah! pardon, je commets peut-être une indiscrétion. Dans ce cas, prenons que je n'ai rien dit.

— Monseigneur, on ne m'a pas recommandé le secret. Ce sont MM. de La Mole et de Coconnas.

— Ah! c'est vrai, je les ai vu arrêter, ces pauvres gentilshommes, et comment supportent-ils ce malheur?

— D'une façon tout opposée, l'un est gai, l'autre est triste; l'un chante, l'autre gémit.

— Et lequel gémit?

— M. de La Mole, Sire.

— Ma foi, dit Henri, je comprends plutôt celui qui gémit que celui qui chante. D'après ce que j'en vois, la prison n'est pas une chose bien gaie. Et à quel étage sont-ils logés?

— Tout en haut, au quatrième.

Henri poussa un soupir. C'est là qu'il eût voulu être.

— Allons, M. de Beaulieu, dit Henri, ayez la bonté de m'indiquer ma chambre, j'ai hâte de m'y voir, étant très fatigué de la journée que je viens de passer.

— Voici, Monseigneur, dit Beaulieu montrant à Henri une porte toute ouverte.

— Numéro 2, dit Henri; et pourquoi pas le numéro 1?

— Parce qu'il est retenu, Monseigneur.

— Ah! ah! il paraît alors que vous attendez un prisonnier de meilleure noblesse que moi.

— Je n'ai pas dit, Monseigneur, que ce fût un prisonnier.

— Et qui est-ce donc?

— Que Monseigneur n'insiste point, car

je serais forcé de manquer, en gardant le silence, à l'obéissance que je lui dois.

— Ah! c'est autre chose, dit Henri.

Et il devint plus pensif encore qu'il n'était; ce numéro 1 l'intriguait visiblement.

Au reste, le gouverneur ne démentit pas sa politesse première. Avec mille précautions oratoires il installa Henri dans sa chambre, lui fit toutes ses excuses des commodités qui pouvaient lui manquer, plaça deux soldats à sa porte et sortit.

— Maintenant, dit le gouverneur s'adressant au guichetier, passons aux autres.

Le guichetier marcha devant. On reprit le même chemin qu'on venait de faire, on traversa la salle de la question, on franchit le corridor, l'on arriva à l'escalier; et toujours suivant son guide, M. de Beaulieu monta trois étages.

En arrivant au haut de ces trois étages, qui, y compris le premier, en faisaient quatre, le guichetier ouvrit successivement trois portes ornées chacune de deux serrures et de trois énormes verroux.

Il touchait à peine à la troisième porte que l'on entendit une voix joyeuse qui s'écriait :

— Eh! mordi! ouvrez donc, quand ce ne serait que pour donner de l'air. Votre poêle est tellement chaud, qu'on étouffe ici.

Et Coconnas, qu'à son juron favori le lecteur a déjà reconnu sans doute, ne fit qu'un bond de l'endroit où il était jusqu'à la porte.

— Un instant, mon gentilhomme, dit le guichetier, je ne viens pas pour vous faire sortir, je viens pour entrer et M. le gouverneur me suit.

— M. le gouverneur, dit Coconnas, et que vient-il faire?

— Vous visiter.

— C'est beaucoup d'honneur qu'il me fait, répondit Coconnas, que M. le gouverneur soit le bienvenu.

M. de Beaulieu entra effectivement et comprima aussitôt le sourire cordial de Coconnas par une de ces politesses glaciales qui sont propres aux gouverneurs de forteresse, aux geôliers et aux bourreaux.

— Avez-vous de l'argent, Monsieur? demanda-t-il au prisonnier.

— Moi, dit Coconnas, pas un écu.

— Des bijoux ?

— J'ai une bague.

— Voulez-vous permettre que je vous fouille ?

— Mordi ! s'écria Coconnas rougissant de colère, bien vous prend d'être en prison et moi aussi.

— Il faut tout souffrir pour le service du roi.

— Mais, dit le Piémontais, les honnêtes gens qui dévalisent sur le Pont-Neuf sont donc, comme vous, au service du roi ? Mordi ! j'étais bien injuste, Monsieur, car jusqu'à présent je les avais pris pour des voleurs.

— Monsieur, je vous salue, dit Beaulieu. Geôlier, enfermez Monsieur.

Le gouverneur s'en alla emportant la bague de Coconnas, laquelle était une fort belle émeraude que Madame de Nevers lui avait donnée pour lui rappeler la couleur de ses yeux.

— A l'autre, dit-il en sortant.

On traversa une chambre vide, et le jeu des trois portes, des six serrures et des neuf verrous recommença.

La dernière porte s'ouvrit, et un soupir fut le premier bruit qui frappa les visiteurs.

La chambre était plus lugubre encore d'aspect que celle d'où M. de Beaulieu venait de sortir. Quatre meurtrières longues et étroites qui allaient en diminuant de l'intérieur à l'extérieur, éclairaient faiblement ce triste séjour. De plus, des barreaux de fer croisés avec assez d'art pour que la vue fût sans cesse arrêtée par une ligne opaque, empêchaient que par les meurtrières le prisonnier pût même voir le ciel.

Des filets ogiviques partaient de chaque angle de la salle et allaient se réunir au milieu du plafond, où ils s'épanouissaient en rosace.

La Mole était assis dans un coin, et, malgré la visite et les visiteurs, il resta comme s'il n'eût rien entendu.

Le gouverneur s'arrêta sur le seuil, et regarda un instant le prisonnier, qui demeurait immobile, la tête dans ses mains.

— Bonsoir, Monsieur de La Mole, dit Beaulieu.

Le jeune homme leva lentement la tête.

— Bonsoir, Monsieur, dit-il.

— Monsieur, continua le gouverneur, je viens vous fouiller.

C'est inutile dit La Mole, je vais vous remettre tout ce que j'ai.

— Qu'avez-vous?

— Trois cents écus environ, ces bijoux, ces bagues.

— Donnez, Monsieur, dit le gouverneur.

— Voici.

— La Mole retourna ses poches, dégarnit ses doigts, et arracha l'agrafe de son chapeau.

— N'avez-vous rien de plus?

— Non pas que je sache.

— Et ce cordon de soie serré à votre cou, que porte-t-il? demanda le gouverneur.

— Monsieur, ce n'est point un joyau, c'est une relique.

— Donnez.

— Comment! vous exigez...

— J'ai ordre de ne vous laisser que vos vêtements. et une relique n'est point un vêtement.

— La Mole fit un mouvement de colère, qui, au milieu du calme douloureux et digne qui le distinguait, parut plus effrayant encore à ces gens habitués aux rudes émotions.

Mais il se remit presque aussitôt.

— C'est bien, Monsieur, dit-il et vous allez voir ce que vous demandez.

Alors se détournant comme pour s'approcher de la lumière, il détacha la prétendue relique, laquelle n'était autre qu'un médaillon contenant un portrait qu'il tira du médaillon et qu'il porta à ses lèvres. Mais après l'avoir baisé à plusieurs reprises, il feignit de le laisser tomber; et appuyant violemment dessus le talon de sa botte, il l'écrasa en mille morceaux.

— Monsieur!... dit le gouverneur.

Et il se baissa pour voir s'il ne pourrait pas sauver de la destruction l'objet inconnu que La Mole voulait lui dérober; mais la miniature était littéralement en poussière.

— Le roi voulait avoir ce joyau, dit La Mole; mais il n'avait aucun droit sur le portrait qu'il renfermait. Maintenant voici le médaillon, vous le pouvez prendre.

— Monsieur, dit Beaulieu, je me plaindrai au roi.

Et sans prendre congé du prisonnier par une seule parole, il se retira si courroucé, qu'il laissa au guichetier le soin de fermer les portes, sans présider à leur fermeture.

Le geôlier fit quelques pas pour sortir, et voyant que M. de Beaulieu descendait déjà les premières marches de l'escalier :

— Ma foi! Monsieur, dit-il en se retournant, bien m'en a pris de vous inviter à me donner tout de suite les cents écus moyenant lesquels je consens à vous laisser parler à votre compagnon ; car si vous ne les aviez pas donnés, le gouvernement vous les eût pris avec les trois cents autres, et ma conscience ne me permettrait plus de rien faire pour vous ; mais j'ai été payé d'avance, je vous ai promis que vous verriez votre camarade... venez... un honnête homme n'a que sa parole... Seulement si cela est possible, autant pour vous que pour moi, ne causez pas politique.

La Mole sortit de sa chambre et se trouva en face de Coconnas qui arpentait les dalles de la chambre du milieu.

Les deux amis se jetèrent dans les bras l'un de l'autre.

Le guichetier fit semblant de s'essuyer le coin de l'œil, et sortit pour veiller à ce qu'on ne surprît pas les prisonniers, ou plutôt à ce qu'on ne le surprît pas lui-même.

— Ah! te voilà, dit Coconnas, eh bien, cet affreux gouverneur t'a fait sa visite?

— Comme à toi, je présume.

Et il t'a tout pris ?

— Comme à toi aussi.

— Oh! moi, je n'avais pas grand chose, une bague d'Henriette, voilà tout.

— Et de l'argent comptant ?

— J'avais donné tout ce que j'en possédais à ce brave homme de guichetier pour qu'il nous procurât cette entrevue.

— Ah! ah! dit La Mole, il paraît qu'il reçoit des deux mains.

— Tu l'as donc payé aussi, toi ?

— Je lui ai donné cent écus.

— Tant mieux que notre guichetier soit un misérable !

— Sans doute, on en fera tout ce qu'on

voudra avec de l'argent, et, il faut l'espérer l'argent ne nous manquera point.

— Maintenant, comprends-tu ce qui nous arrive?

— Parfaitement... Nous avons été trahis.

— Par cet exécrable duc d'Alençon. J'avais bien raison de vouloir lui tordre le cou, moi.

— Et crois-tu que notre affaire est grave?

— J'en ai peur.

— Ainsi il y a craindre... la question.

— Je ne te cache pas que j'y ai déjà songé.

— Que diras-tu, si on en vient là?

— Et toi?

— Moi, je garderai le silence, répondit La Mole avec une rougeur fébrile.

— Tu te tairas? s'écria Coconnas.

— Oui, si j'en ai la force.

— Eh bien, moi, dit Coconnas, si on me fait cette infamie, je te garantis que je dirais bien des choses.

— Mais quelles choses? demanda vivement La Mole.

— Oh! sois tranquille, de ces choses qui empêcheront pendant quelque temps M. d'Alençon de dormir.

La Mole allait répliquer, lorsque le geôlier, qui sans doute avait entendu quelque bruit, accourut, poussa chacun des deux amis dans sa chambre et referma la porte sur lui.

III

La figure de cire.

Depuis huit jours, Charles était cloué dans son lit par une fièvre de langueur entrecoupée par des accès violents qui ressemblaient à des attaques d'épilepsie. Pendant ces accès, il poussait parfois des hurlements qu'écoutaient avec effroi les gardes qui veillaient dans son antichambre, et que répétaient dans leurs profondeurs les échos du vieux

Louvre, éveillés depuis quelque temps par tant de bruits sinistres. Puis, ces accès passés, écrasé de fatigue, l'œil éteint, il se laissait aller aux bras de sa nourrice avec des silences qui tenaient à la fois du mépris et de la terreur.

Dire ce que, chacun de son côté, sans se communiquer leurs sensations, car la mère et son fils se fuyaient plutôt qu'ils ne se cherchaient; dire ce que Catherine de Médicis et le duc d'Alençon remuaient de pensées sinistres au fond de leur cœur, ce serait vouloir peindre ce fourmillement hideux qu'on voit grouiller au fond d'un nid de vipères.

Henri avait été enfermé dans sa chambre; et, sur sa propre recommandation à Charles, personne n'avait obtenu la permission de le voir, pas même Marguerite. C'était, aux yeux de tous, une disgrâce complète. Catherine et d'Alençon respiraient, le croyant perdu, et Henri buvait et mangeait plus tranquillement, s'espérant oublié.

A la cour nul ne soupçonnait la cause de la maladie du roi. Maître Ambroise Paré et Mazille, son collègue, avaient reconnu une inflammation d'estomac, se trompant de la cause au résultat, voilà tout. Ils avaient, en conséquence, prescrit un régime adoucissant qui ne pouvait qu'aider au breuvage particulier indiqué par René, que Charles recevait trois fois par jour de la main de sa nourrice, et qui faisait sa seule nourriture.

La Mole et Coconnas étaient à Vincennes, au secret le plus rigoureux. Marguerite et madame de Nevers avaient fait dix tentatives pour arriver jusqu'à eux, ou tout au monis pour leur faire passer un billet, et n'y étaient point parvenues.

Un matin, au milieu des éternelles alternatives de bien et de mal qu'il éprouvait, Charles se sentit un peu mieux, et voulut qu'on laissât entrer toute la cour qui, comme d'habitude, quoique le lever n'eût plus lieu, se présentait tous les matins pour le lever. Les portes furent donc ouvertes, et l'on put reconnaître, à la pâleur de ses joues, au jaunissement de son front d'ivoire, à la flamme fébrile qui jaillissait de ses yeux caves et entourés d'un cercle de bistre, quels effroyables ravages avait faits sur le jeune monarque la maladie inconnue dont il était atteint.

La chambre royale fut bientôt pleine de courtisans curieux et intéressés.

Catherine, d'Alençon et Marguerite furent avertis que le roi recevait.

Tous trois entrèrent à peu d'intervalle l'un de l'autre, Catherine calme, d'Alençon souriant, Marguerite abattue.

Catherine s'assit au chevet du lit de son fils, sans remarquer le regard avec lequel celui-ci l'avait vue s'approcher.

M. d'Alençon se plaça aux pieds, et se tint debout.

Marguerite s'appuya à un meuble, et, voyant le front pâle, le visage amaigri et l'œil enfoncé de son frère, elle ne put retenir un soupir et une larme.

Charles, auquel rien n'échappait, vit cette larme, entendit ce soupir, et de la tête fit un signe imperceptible à Marguerite.

Ce signe, si imperceptible qu'il fût, éclaira le visage de la pauvre reine de Navarre, à qui Henri n'avait eu le temps de rien dire, ou peut-être même n'avait voulu rien dire. Elle craignait pour son mari, elle tremblait pour son amant.

Pour elle-même elle ne redoutait rien, elle connaissait trop bien La Mole, et savait qu'elle pouvait compter sur lui.

— Eh bien! mon cher fils, dit Catherine, comment vous trouvez-vous?

— Mieux, ma mère, mieux.

— Et que disent vos médecins?

— Mes médecins? ah! ce sont de grands docteurs, ma mère, dit Charles, en éclatant de rire, et j'ai un suprême plaisir, je l'avoue, à les entendre discuter sur ma maladie. Nourrice, donne-moi à boire.

La nourrice apporta à Charles une tasse de sa potion ordinaire.

— Et que vous font-ils prendre, mon fils?

— Oh! Madame, qui connaît quelque chose à leurs préparations? répondit le roi en avalant vivement le breuvage.

— Ce qu'il faudrait à mon frère, dit François, ce serait de pouvoir se lever et prendre le beau soleil; la chasse, qu'il aime tant, lui ferait grand bien.

— Oui, dit Charles, avec un sourire dont il fut impossible au duc de deviner l'expression, cependant la dernière m'a fait grand mal.

Charles avait dit ces mots d'une façon si étrange que la conversation à laquelle les assistants ne s'étaient pas un instant mêlés, en resta là. Puis il fit un petit signe de tête. Les courtisans comprirent que la réception était achevée et se retirèrent les uns après les autres.

D'Alençon fit un mouvement pour s'approcher de son frère, mais un sentiment intérieur l'arrêta. Il salua et sortit.

Marguerite se jeta sur la main décharnée que son frère lui tendait, la serra et la baisa, et sortit à son tour.

— Bonne Margot ! murmura Charles.

Catherine seule resta, conservant sa place au chevet du lit. Charles, en se trouvant en tête-à-tête avec elle, se recula vers la ruelle avec le même sentiment de terreur qui fait qu'on recule devant un serpent.

C'est que Charles instruit par les aveux de René, puis, peut-être mieux encore, par le silence et la méditation, n'avait plus même le bonheur de douter.

Il savait parfaitement à qui et à quoi attribuer sa mort.

Aussi, lorsque Catherine se rapprocha du et allongea vers son fils une main froide comme son regard, celui-ci frissonna et eut peur.

— Vous demeurez! Madame? lui dit-il.

— Oui, mon fils, répondit Catherine, j'ai à vous entretenir de choses importantes.

— Parlez, Madame, dit Charles en se reculant encore.

Sire, dit la reine, je vous ai entendu affirmer tout à l'heure que vos médecins étaient de grands docteurs...

— Et je l'affirme encore, Madame.

— Cependant qu'ont-ils fait depuis que vous êtes malade ?

— Rien, c'est vrai... mais si vous aviez entendu ce qu'ils ont dit... en vérité, Madame, on voudrait être malade rien que pour entendre de si savantes dissertations.

— Eh bien ! moi, mon fils, voulez-vous que je vous dise une chose ?

— Comment donc ! dites, ma mère.

— Eh bien ! je soupçonne que tous ces grands docteurs ne connaissent rien à votre maladie !

— Vraiment, Madame !

— Qu'ils voient peut-être un résultat, mais que la cause leur échappe,

— C'est possible, dit Charles ne comprenant pas où sa mère en voulait venir.

— De sorte qu'ils traitent le symptôme au lieu de traiter le mal.

— Sur mon âme ! reprit Charles étonné, je crois que vous avez raison, ma mère.

— Eh bien ! moi, mon fils, dit Catherine, comme il ne convient ni à mon cœur ni au bien de l'État que vous soyez malade si longtemps, attendu que le moral pourrait finir par s'affecter chez vous, j'ai rassemblé les plus savants docteurs.

— En art médical, Madame ?

— Non, dans un art plus profond, dans l'art qui permet non-seulement de lire dans les corps, mais encore dans les cœurs.

— Ah ! le bel art, Madame, fit Charles, et

qu'on a raison de ne pas l'enseigner aux rois ! Et vos recherches ont eu un résultat? continua-t-il.

— Oui.

— Lequel?

— Celui que j'espérais; et j'apporte à Votre Majesté le remède qui doit guérir son corps et son esprit.

— Charles frissonna. Il crut que sa mère trouvant qu'il vivrait longtemps encore, avait résolu d'achever sciemment ce qu'elle avait commencé sans le savoir.

— Et où est-il, ce remède ? dit Charles en se soulevant sur un coude et en regardant sa mère.

— Il est dans le mal même, répondit Catherine.

— Alors où est le mal ?

— Écoutez-moi, mon fils, dit Catherine. Avez-vous entendu dire parfois qu'il est des ennemis secrets dont la vengeance à distance assassine la victime ?

— Par le fer ou par le poison ? demanda Charles sans perdre un instant de vue la physionomie impassible de sa mère.

— Non, par des moyens bien autrement sûrs, bien autrement terribles, dit Catherine.

— Expliquez-vous ?

— Mon fils, demanda la Florentine, avez-vous foi aux pratiques de la cabale et de la magie ?

Charles comprima un sourire de mépris et d'incrédulité.

— Beaucoup, dit-il.

— Hé b.en !. dit vivement Catherine, de là viennent vos souffrances. Un ennemi de Votre Majesté, qui n'eût point osé vous attaquer en face, a conspiré dans l'ombre. Il a dirigé contre la personne de Votre Majesté une conspiration d'autant plus terrible qu'il n'avait pas de complices, et que les fils mystérieux de cette conspiration étaient insaisissables.

— Ma foi, non ! dit Charles révolté par tant d'astuce.

— Cherchez bien, mon fils, dit Catherine, rappelez-vous certains projets d'évasion qui devaient assurer l'impunité au meurtrier.

— Au meurtrier, s'écria Charles, au meurtrier ! dites-vous; on a donc essayé de me tuer, ma mère ?

L'œil chatoyant de Catherine roula hypocritement sous sa paupière plissée.

— Oui, mon fils : vous en doutez peut-être, vous; mais moi, j'en ai acquis la certitude.

— Je ne doute jamais de ce que vous me dites, répondit amèrement le roi. Et comment a-t-on essayé de me tuer? je suis curieux de le savoir.

— Par la magie, mon fils.

— Expliquez-vous, Madame, dit Charles ramené par le dégoût à son rôle d'observateur.

— Si ce conspirateur que je veux désigner — et que Votre Majesté a déjà désigné du fond du cœur — ayant tout disposé pour ses batteries, étant sûr du succès, eût réussi à s'esquiver, nul peut-être n'eût pénétré la cause des souffrances de Votre Majesté; mais heureusement, Sire, votre frère veillait sur vous.

— Quel frère? demanda Charles.

— Votre frère d'Alençon.

—Ah! oui, c'est vrai; j'oublie toujours que j'ai un frère, murmura Charles en riant avec amertume. Et vous dites donc, Madame...

— Qu'il a heureusement révélé le côté matériel de la conspiration à Votre Majesté. Mais tandis qu'il ne cherchait, lui, enfant inexpérimenté, que les traces d'un complot ordinaire, que les preuves d'une escapade de jeune homme, je cherchais, moi, des preuves d'une action bien plus importante; car je connais la portée de l'esprit du coupable.

—Ah çà! mais, ma mère, on dirait que vous parlez du roi de Navarre, dit Charles voulant voir jusqu'où irait cette dissimulation florentine.

Catherine baissa hypocritement les yeux.

— Je l'ai fait arrêter, ce me semble, et conduire à Vincennes pour l'escapade en question, continua le roi; serait-il donc encore plus coupable que je ne le soupçonne?

— Sentez-vous la fièvre qui vous dévore? demanda Catherine.

— Oui, certes, Madame, dit Charles en fronçant le sourcil.

— Sentez-vous la chaleur brûlante qui ronge votre cœur et vos entrailles?

— Oui, Madame, répondit Charles en s'assombrissant de plus en plus.

— Et les douleurs aiguës de tête qui passent par vos yeux pour arriver à votre cerveau, comme autant de coups de flèche ?

— Oui, oui, Madame ; oh ! je sens bien tout cela ! Oh ! vous savez bien décrire mon mal !

— Eh bien ! cela est tout simple, dit la Florentine ; regardez...

Et elle tira de dessous son manteau un objet qu'elle présenta au roi.

C'était une figurine de cire jaunâtre, haute de six pouces à peu près. Cette figurine était vêtue d'abord d'une robe étoilée d'or, en cire, comme la figurine ; puis d'un manteau royal de même matière.

— Eh bien ! demanda Charles ; qu'est-ce que cette petite statue ?

— Voyez ce qu'elle a sur la tête, dit Catherine.

— Une couronne, répondit Charles.

— Et au cœur?

— Une aiguille.

— Eh bien?

— Eh bien! Sire, vous reconnaissez-vous?

— Moi?

— Oui, vous, avec votre couronne, avec votre manteau?

— Et qui donc a fait cette figure? dit Charles, que cette comédie fatiguait; le roi de Navarre, sans doute?

— Non pas, Sire.

— Non pas !... alors je ne vous comprends plus.

— Je dis *non*, reprit Catherine, parce que Votre Majesté pourrait tenir au fait exact. J'aurais dit *oui* si Votre Majesté m'eût posé la demande d'une autre façon.

Charles ne répondit pas. Il essayait de pénétrer toutes les pensées de cette âme ténébreuse, qui se refermait sans cesse devant lui au moment où il se croyait tout prêt à y lire.

— Sire, continua Catherine, cette statue a été trouvée, par les soins de Votre procureur-général Laguesle, au logis de l'homme qui, le jour de la chasse au vol, tenait un cheval de main tout prêt pour le roi de Navarre.

— Chez M. de La Mole? dit Charles.

— Chez lui-même; et, s'il vous plaît, regardez encore cette aiguille d'acier qui perce le cœur, et voyez qu'elle lettre est écrite sur l'étiquette qu'elle porte.

— Je vois un M, dit Charles.

— C'est-à-dire mort : c'est la formule magique, Sire. L'inventeur écrit ainsi son vœu sur la plaie même qu'il creuse. S'il eût voulu frapper de folie, comme le duc de Bretagne fit pour le roi Charles VI, il eût enfoncé l'épingle dans la tête, et eût mis un F au lieu d'un M.

— Ainsi, dit Charles IX, à votre avis, Madame, celui qui en veut à mes jours, c'est M. de La Mole?

— Oui, comme le poignard en veut au cœur; oui, mais derrière le poignard il y a le bras qui le pousse.

— Et voilà toute la cause du mal dont je suis atteint : le jour où le charme sera détruit, le mal cessera? Mais comment s'y prendre? demanda Charles; vous le savez, vous, ma bonne mère; mais moi, tout au contraire de vous, qui vous en êtes occupée toute votre vie, je suis fort ignorant en cabale et en magie.

—La mort de l'inventeur rompt le charme, voilà tout. Le jour où le charme sera détruit le mal cessera, dit Catherine.

— Vraiment? dit Charles d'un air étonné.

— Comment, vous ne savez pas cela?

— Dame! je ne suis pas sorcier, dit le roi.

— Eh bien! maintenant, dit Catherine, Votre Majesté est convaincue, n'est-ce pas?

— Certainement.

— La conviction va chasser l'inquiétude ?

— Complètement.

— Ce n'est point par complaisance que vous le dites ?

— Non pas, ma mère ; c'est du fond de mon cœur.

Le visage de Catherine se dérida.

— Dieu soit loué ! s'écria-t-elle, comme si elle eût cru en Dieu.

— Oui, Dieu soit loué ! reprit ironiquement Charles. Je sais maintenant comme vous à qui attribuer l'état où je me trouve, et, par conséquent, qui punir.

— Et nous punirons.

— M. de La Mole : n'avez-vous pas dit qu'il était le coupable ?

— J'ai dit qu'il était l'instrument.

— Eh bien! dit Charles, M. de La Mole d'abord; c'est le plus important. Toutes ces crises dont je suis atteint peuvent faire naître autour de nous de dangereux soupçons. Il est urgent que la lumière se fasse, et qu'à l'éclat que jettera cette lumière la vérité se découvre.

— Ainsi, M. de La Mole?...

— Me va admirablement comme coupable; je l'accepte donc. Commençons par lui d'abord; et s'il y a un complice, il parlera.

— Oui, murmura Catherine; s'il ne parle pas, on le fera parler. Nous avons des moyens infaillibles pour cela.

Puis tout haut en se levant :

— Vous permettez donc, Sire, que l'instruction commence?

—Je le désire, madame, répondit Charles, et le plus tôt sera le mieux.

Catherine serra la main de son fils sans comprendre le tressaillement nerveux qui agita cette main en serrant la sienne, et sortit sans entendre le rire sardonique du roi et la sourde et terrible imprécation qui suivit ce rire.

Le roi se demandait s'il n'y avait pas danger à laisser aller ainsi cette femme, qui, en quelques heures, ferait peut-être tant de besogne qu'il n'y aurait plus moyen d'y remédier.

En ce moment, comme il regardait la portière retombant derrière Catherine, il entendit un léger froissement derrière lui, et se retournant il aperçut Marguerite qui soulevait la tapisserie retombant devant le corridor qui conduisait chez sa nourrice.

Marguerite, dont la pâleur, les yeux hagards et la poitrine oppressée décelaient la plus violente émotion :

— Oh! Sire, Sire! s'écria Marguerite en se précipitant vers le lit de son frère, vous savez bien qu'elle ment!

— Qui, *elle?* demanda Charles :

— Écoutez, Charles : certes, c'est terrible d'accuser sa mère ; mais je me suis doutée qu'elle resterait près de vous pour les poursuivre encore. Mais, sur ma vie, sur la vôtre, sur notre âme à tous les deux, je vous dis qu'elle ment!

— Les poursuivre!.... Qui poursuit-elle?

Tous les deux parlaient bas par instinct : on eût dit qu'ils avaient peur de s'entendre eux-mêmes.

— Henri d'abord, votre Henriot, qui vous aime, qui vous est dévoué plus que personne au monde.

— Tu le crois, Margot? dit Charles.

— Oh! Sire, j'en suis sûre.

— Eh bien, moi aussi, dit Charles.

— Alors, si vous en êtes sûr, mon frère, dit Marguerite étonnée, pourquoi l'avez-vous fait arrêter et conduire à Vincennes ?

— Parce qu'il me l'a demandé lui-même.

— Il vous l'a demandé, Sire?...

— Oui, il a de singulières idées, Henriot. Peut-être se trompe-t-il, peut-être a-t-il raison ; mais enfin, une de ses idées, c'est qu'il est plus en sûreté dans ma disgrâce que dans ma faveur, loin de moi que près de moi, à Vincennes qu'au Louvre.

— Ah! je comprends, dit Marguerite, Et il est en sûreté alors?

— Dame! aussi en sûreté que peut l'être un homme dont Beaulieu me répond sur sa tête.

—Oh! merci, mon frère; voilà pour Henri. Mais...

— Mais quoi? demanda Charles.

— Mais il y a une autre personne, Sire, à laquelle j'ai tort de m'intéresser peut-être, mais à laquelle je m'intéresse enfin...

— Et quelle est cette personne?

— Sire, épargnez-moi... j'oserais à peine le nommer à mon frère, et n'ose le nommer à mon roi.

— M. de La Mole, n'est-ce pas? dit Charles.

— Hélas! dit Marguerite, vous avez voulu le tuer une fois, Sire, et il n'a échappé que par miracle à votre vengeauce royale.

— Et cela, Marguerite, quand il était coupable d'un seul crime ; mais, maintenant qu'il en a commis deux...

— Sire, il n'est pas coupable du second.

— Mais, dit Charles, n'as-tu pas entendu ce qu'a dit notre bonne mère, pauvre Margot?

— Oh! je vous ai déjà dit, Charles, reprit Marguerite en baissant la voix, je vous ai déjà dit qu'elle mentait.

— Vous ne savez peut-être pas qu'il existe

une figure de cire qui a été saisie chez M. de La Mole?

— Si fait, mon frère, je le sais.

— Que cette figure est percée au cœur par une aiguille, et que l'aiguille qui la blesse ainsi porte une petite bannière avec un M?

— Je le sais encore.

— Que cette figure a un manteau royal sur les épaules et une couronne royale sur la tête?

— Je sais tout cela.

— Eh bien! qu'avez-vous à dire?

— J'ai à dire que cette petite figure qui porte un manteau royal sur les épaules et une couronne royale sur la tête est la représentation d'une femme, et non d'un homme.

— Bah! dit Charles; et cette aiguille qui lui perce le cœur?

— C'était un charme pour se faire aimer de cette femme, et non un maléfice pour faire mourir un homme.

— Mais cette lettre M?

— Elle ne veut pas dire : MORT, comme l'a dit la reine-mère.

— Que veut-elle donc dire, alors? demanda Charles.

— Elle veut dire,... elle veut dire le nom de la femme que M. de La Mole aimait.

— Et cette femme se nomme?

— Cette femme se nomme *Marguerite*, mon frère, dit la reine de Navarre en tombant à genoux devant le lit du roi, en prenant sa main dans les deux siennes, et en appuyant son visage baigné de larmes sur cette main.

— Ma sœur, silence! dit Charles en promenant autour de lui un regard étincelant sous un sourcil froncé; car, de même que vous avez entendu, vous, on pourrait vous entendre à votre tour.

— Oh! que m'importe! dit Marguerite en relevant la tête, et que le monde entier n'est-il là pour m'écouter! devant le monde entier, je déclarerais qu'il est infâme d'abuser de l'amour d'un gentilhomme pour souiller sa réputation d'un soupçon d'assassinat.

— Margot, si je te disais que je sais aussi bien que toi ce qui est et ce qui n'est pas?

— Mon frère!

— Si je te disais que M. de La Mole est innocent?

— Vous le savez?...

— Si je te disais que je connais le vrai coupable!

— Le vrai coupable! s'écria Marguerite; mais il y a donc eu un crime commis?

— Oui. Volontaire ou involontaire, il y a eu un crime commis.

— Sur vous?

— Sur moi.

— Impossible.

— Impossible?... Regarde-moi, Margot.

La jeune femme regarda son frère et frissonna en le voyant si pâle.

— Margot, je n'ai pas trois mois à vivre, dit Charles.

— Vous, mon frère! Toi, mon Charles! s'écria-t-elle.

— Margot, je suis empoisonné.

Marguerite jeta un cri.

— Tais-toi donc, dit Charles ; il faut qu'on croie que je meurs par magie.

— Et vous connaissez le coupable?

— Je le connais.

— Vous avez dit que ce n'est pas La Mole.

— Non, ce n'est pas lui.

— Ce n'est pas Henri non plus, certainement. — Grand Dieu! serait-ce?...

— Qui?

— Mon frère... d'Alençon... murmura Marguerite.

— Peut-être.

— Ou bien, ou bien .. Marguerite baissa la voix comme épouvantée elle-même de ce qu'elle allait dire, ou bien... notre mère?

Charles se tut.

Marguerite le regarda, lut dans son regard tout ce qu'elle y cherchait, et tomba toujours à genoux et demi-renversée sur un fauteuil.

— Oh! mon Dieu! mon Dieu! murmura-t-elle, c'est impossible!

— Impossible, dit Charles avec un rire strident; il est fâcheux que René ne soit pas ici, il te raconterait mon histoire.

— Lui, René?

— Oui. Il te raconterait, par exemple, qu'une femme à laquelle il n'ose rien refuser, a été lui demander un livre de chasse enfoui dans sa bibliothèque; qu'un poison subtil a été versé sur chaque page de ce livre; que le poison, destiné à quelqu'un, je ne sais à qui, est tombé par un caprice du hasard, ou par un châtiment du ciel, sur une autre personne que celle à qui il était destiné. Mais en l'absence de René, si tu veux voir le livre, il est là, dans mon cabinet, et écrit de la main du Florentin, tu verras que ce livre, qui contient dans ses feuilles la mort de vingt personnes encore, a été donné de sa main à sa compatriote.

— Silence, Charles, à ton tour, silence, dit Marguerite.

— Tu vois bien maintenant qu'il faut qu'on croie que je meurs par magie.

— Mais c'est inique, mais c'est affreux grâce! grâce! vous savez bien qu'il est innocent.

— Oui, je le sais, mais il faut qu'on le croie coupable. Souffre donc la mort de ton amant; c'est peu pour sauver l'honneur de la maison de France. Je souffre bien la mort pour que le secret meure avec moi.

Marguerite courba la tête, comprenant

qu'il n'y avait rien à faire pour sauver La Mole du côté du roi, et se retira toute pleurante et n'ayant plus d'espoir qu'en ses propres ressources.

Pendant ce temps, comme l'avait prévu Charles, Catherine ne perdait pas une minute, et elle écrivait au procureur-général Laguesle une lettre dont l'histoire a conservé jusqu'au moindre mot, et qui jette sur toute cette affaire de sanglantes lueurs.

« Monsieur le procureur, ce soir on me
« dit pour certain que La Mole a fait le sa-
« crilège. En son logis, à Paris, on a trouvé
« beaucoup de méchantes choses, comme
« des livres et des papiers. Je vous prie
« d'appeler le premier président et d'ins-
« truire au plus vite l'affaire de la figure de

« cire à laquelle ils ont donné un coup au
« cœur, et ce, contre le roi*.

« CATHERINE. »

* Textuelle.

IV

Les boucliers invisibles.

Le lendemain du jour où Catherine avait écrit la lettre qu'on vient de lire, le gouverneur entra chez Coconnas avec un appareil des plus imposants : il se composait de deux hallebardiers et de quatre robes noires.

Coconnas était invité à descendre dans

une salle où le procureur Laguesle et deux juges l'attendaient pour l'interroger selon les instructions de Catherine.

Pendant les huit jours qu'il avait passés en prison, Coconnas avait beaucoup réfléchi; sans compter que chaque jour La Mole et lui réunis un instant par les soins de leur geôlier, qui, sans leur rien dire, leur avait fait cette surprise que selon toute probabilité ils ne devaient pas à sa seule philanthropie; sans compter, disons-nous, que La Mole et lui s'étaient recordés sur la conduite qu'ils avaient à tenir et qui était une négation absolue; il était donc persuadé qu'avec un peu d'adresse son affaire prendrait la meilleure tournure; les charges n'étaient pas plus fortes pour eux que pour les autres. Henri et Marguerite n'avaient fait aucune tentative de fuite, ils ne pouvaient donc être compromis dans une affaire où les principaux coupables étaient libres. Coconnas ignorait que Henri habitât le même château que lui, et la complaisance de son geôlier lui apprenait qu'au-dessus de sa tête planaient des protections qu'il appelait ses *boucliers invisibles.*

Jusque là les interrogatoires avaient porté sur les desseins du roi de Navarre, sur les projets de fuite et sur la part que les deux amis devaient prendre à cette fuite. A tous ces interrogatoires Coconnas avait constamment répondu d'une façon plus que vague et beaucoup plus qu'adroite ; il s'apprêtait encore à répondre de la même façon, et d'avance il avait préparé toutes ses petites reparties lorsqu'il s'aperçut tout à coup que l'interrogatoire avait changé d'objet.

Il s'agissait d'une ou de plusieurs visites

faites à René, d'une ou plusieurs figures de cire faites à l'instigation de La Mole.

Coconnas, tout préparé qu'il était, crut remarquer que l'accusation perdait beaucoup de son intensité, puisqu'il ne s'agissait plus, au lieu d'avoir trahi un roi, que d'avoir fait une statue de reine; encore cette statue était-elle haute de huit à dix pouces tout au plus.

Il répondit donc fort gaîment que ni lui ni son ami ne jouaient plus depuis longtemps à la poupée, et remarqua avec plaisir que plusieurs fois ses réponses avaient eu le privilège de faire sourire les juges.

On n'avait pas encore dit en vers, *j'ai ri, me voilà désarmé*; mais cela s'était déjà beaucoup dit en prose. Et Coconnas crut avoir à moitié désarmé ses juges parce qu'ils avaient souri.

Son interrogatoire terminé, il remonta donc dans sa chambre si chantant, si bruyant, que La Mole, pour qui il faisait tout ce tapage, dut en tirer les plus heureuses conséquences.

On le fit descendre à son tour. La Mole, comme Coconnas, vit avec étonnement l'accusation abandonner sa première voie et entrer dans une voie nouvelle. On l'interrogea sur ses visites à René. Il répondit qu'il avait été chez le Florentin une fois seulement. On lui demanda si cette fois il ne lui avait pas commandé une figure de cire. Il répondit que René lui avait montré cette figure toute faite. On lui demanda si cette figure ne représentait pas un homme. Il répondit qu'elle représentait une femme. On lui demanda si le charme n'avait point pour but de faire mourir cet homme. Il répondit que le but de ce charme était de se faire aimer de cette femme.

Ces questions furent faites, tournées et retournées de cent façons différentes ; mais à toutes ces questions, sous quelque face qu'elles lui fussent présentées, La Mole fit constamment les mêmes réponses.

Les juges se regardèrent avec une sorte d'indécision, ne sachant trop que dire ni que faire devant une pareille simplicité, lorsqu'un billet apporté au procureur-général trancha la difficulté.

Il était conçu en ces termes :

« Si l'accusé nie, recourez à la question.

« C. »

Le procureur mit le billet dans sa poche, sourit à La Mole, et le congédia poliment. La Mole rentra dans son cachot presque aussi rassuré sinon presque aussi joyeux que Coconnas.

— Je crois que tout va bien, dit-il.

Une heure après il entendit des pas et vit un billet qui se glissait sous la porte, sans voir quelle main lui donnait le mouvement. Il le prit, tout en pensant que la dépêche venait, selon toute probabilité du guichetier.

En voyant ce billet, un espoir presque aussi douloureux qu'une déception lui était venu au cœur : il espérait que ce billet était de Marguerite, dont il n'avait eu aucune nouvelle depuis qu'il était prisonnier. Il s'en saisit tout tremblant. L'écriture faillit le faire mourir de joie.

« Courage, disait le billet, je veille. »

— Ah! si elle veille, s'écria La Mole en couvrant de baisers ce papier qu'avait touché une main si chère, si elle veille, je suis sauvé!...

Il faut, pour que La Mole comprenne ce billet et pour qu'il ait foi avec Coconnas dans ce que le Piémontais appelait *ses boucliers invisibles,* que nous ramenions le lecteur à cette petite maison, à cette chambre où tant de scènes d'un bonheur enivrant, où tant de parfums à peines évaporés, où tant de doux souvenirs, devenus depuis des angoisses, brisaient le cœur d'une femme à demi renversée sur des coussins de velours.

— Être reine, être forte, être jeune, être riche, être belle, et souffrir ce que je souffre! s'écriait cette femme; oh! c'est impossible!

— Puis, dans son agitation, elle se levait, marchait, s'arrêtait tout-à-coup, appuyait son front brûlant contre quelque marbre glacé, se relevait pâle et le visage couvert de larmes, se tordait les bras avec des cris, et retombait brisée sur quelque fauteuil.

Tout-à-coup la tapisserie qui séparait l'appartement de la rue Cloche-Percée de l'appartement de la rue Tizon se souleva; un frémissement soyeux effleura la boiserie, et la duchesse de Nevers apparut.

— Oh! s'écria Marguerite, c'est toi! Avec quelle impatience je t'attendais! Eh bien! quelles nouvelles?

— Mauvaises, mauvaises, ma pauvre amie. Catherine pousse elle-même l'instruction, et en ce moment encore elle est à Vincennes.

— Et René ?

— Il est arrêté.

— Avant que tu aies pu lui parler ?

— Oui.

— Et nos chers prisonniers ?

— J'ai de leurs nouvelles.

— Par le guichetier ?

— Toujours.

— Et bien ?

— Eh bien ! ils communiquent chaque jour ensemble. Avant-hier on les a fouillés. La Mole a brisé ton portrait plutôt que de le livrer.

— Ce cher La Mole !

— Annibal a ri au nez des inquisiteurs.

— Bon Annibal! Mais après?

— On les a interrogés ce matin sur la fuite du roi, sur ses projets de rebellion en Navarre, et ils n'ont rien dit.

— Oh! je savais bien qu'ils garderaient le silence ; mais ce silence les tue aussi bien que s'ils parlaient.

— Oui, mais nous les sauvons, nous.

— Tu as donc pensé à notre entreprise?

— Je ne me suis occupé que de cela depuis hier.

— Eh bien!

— Je viens de conclure avec Beaulieu. Ah! ma chère reine, quel homme difficile et cupide ! Cela coûtera la vie d'un homme et trois cent mille écus.

— Tu dis qu'il est difficile et cupide... et cependant il ne demande que la vie d'un homme et trois cent mille écus... Mais c'est pour rien !

— Pour rien... trois cent mille écus !... Mais tous tes joyaux et tous les miens n'y suffiraient pas.

— Oh ! qu'à cela ne tienne. Le roi de Navarre paiera, le duc d'Alençon paiera, mon frère Charles paiera, ou sinon...

— Allons ! tu raisonnes comme une folle. Je les ai, les trois cent mille écus.

— Toi ?

— Oui, moi.

— Et comment te les es-tu procurés?

— Ah! voilà!

— C'est un secret?

— Pour tout le monde, excepté pour toi.

— Oh! mon Dieu! dit Marguerite souriante au milieu de ses larmes, les aurais-tu volés?

— Tu en jugeras.

— Voyons.

— Tu te rappelles cet horrible Nantouillet?

— Le richard, l'usurier?

— Si tu veux.

— Eh bien?

— Eh bien! tant il y a qu'un jour en voyant passer certaine femme blonde, aux yeux verts, coiffée de trois rubis posés l'un au front, les deux autres aux tempes, coiffure qui lui va si bien, et ignorant que cette femme était une duchesse, ce richard, cet usurier s'écria :

« Pour trois baisers à la place de ces trois rubis, je ferais naître trois diamants de cent mille écus chacun. »

— Eh bien! Henriette!

— Hé bien! ma chère, les diamants sont éclos et vendus.

— Oh! Henriette! Henriette! murmura Marguerite.

— Tiens! s'écria la duchesse avec un accent d'impudeur naïf et sublime à la fois, qui résume et le siècle et la femme. Tiens! j'aime Annibal, moi !

— C'est vrai, dit Marguerite en souriant et en rougissant tout à la fois, tu l'aimes beaucoup, tu l'aimes trop, même.

Et cependant elle lui serra la main.

— Donc, continua Henriette, grâce à nos trois diamants, les cent mille écus et l'homme sont prêts.

— L'homme? quel homme ?

— L'homme à tuer. Tu oublies qu'il faut tuer un homme.

— Et tu as trouvé l'homme qu'il te fallait ?

— Parfaitement.

— Au même prix? demanda en souriant Marguerite.

Au même prix, j'en eusse trouvé mille, répondit Henriette, Non, non; moyennant cinq cents écus, tout bonnement.

— Pour cinq cents écus, tu as trouvé un homme qui a consenti à se faire tuer?

— Que veux-tu! il faut bien vivre.

— Ma chère amie, je ne te comprends plus. Voyons, parle clairement; les énigmes prennent trop de temps à deviner dans la situation où nous nous trouvons.

— Eh bien! écoute : le geôlier auquel est confiée la garde de La Mole et de Coconnas, est un ancien soldat qui sait ce que c'est qu'une blessure; il veut bien aider à sauver nos amis, mais il ne veut pas perdre sa place.

Un coup de poignard adroitement placé fera l'affaire ; nous lui donnerons une récompense, et l'État un dédommagement. De cette façon, le brave homme recevra des deux mains, et aura renouvelé la fable du pélican.

— Mais, dit Marguerite, un coup de poignard...

— Sois tranquille, c'est Annibal qui le donnera.

— Au fait, dit en riant Marguerite, il a donné trois coups tant d'épée que de poignard à La Mole, et La Mole n'en est pas mort; il y a donc tout lieu d'espérer.

— Méchante! tu mériterais que j'en restasse là.

— Oh! non ; non, au contraire, dis-moi le

reste, je t'en supplie. Comment les sauverons-nous, voyons ?

— Eh bien! voici l'affaire : la chapelle est le seul lieu du château où puissent pénétrer les femmes qui ne sont point prisonnières. On nous fait cacher derrière l'autel ; sous la nappe de l'autel, ils trouvent deux poignards. La porte de la sacristie est ouverte d'avance; Coconnas frappe son geôlier qui tombe et fait semblant d'être mort ; nous apparaissons, nous jetons chacune un manteau sur les épaules de nos amis ; nous fuyons avec eux par la petite porte de la sacristie, et comme nous avons le mot d'ordre, nous sortons sans empêchement.

— Et une fois sortis ?

— Deux chevaux les attendent à la porte ; ils sautent dessus, quittent l'Ile-de-France et gagnent la Lorraine, d'où de temps en temps ils reviennent incognito.

— Oh! tu me rends la vie, dit Marguerite. Ainsi nous les sauverons?

— J'en répondrais presque.

— Et cela bientôt?

— Dame! dans trois ou quatre jours; Beaulieu nous préviendra.

— Mais si l'on te reconnaît dans les environs de Vincennes, cela peut faire du tort à notre projet.

— Comment veux-tu que l'on me reconnaisse? Je sors en religieuse avec une coiffe, grâce à laquelle on ne me voit pas même le bout du nez.

— C'est que nous ne pouvons prendre trop de précautions.

— Je le sais bien, mordi ! comme dirait le pauvre Annibal.

— Et le roi de Navarre, t'en es-tu informée !

— Je n'ai eu garde d'y manquer.

— Eh bien ?

— Eh bien ! il n'a jamais été si joyeux, à ce qu'il paraît ; il rit, il chante, il fait bonne chère, et ne demande qu'une chose, c'est d'être bien gardé.

— Il a raison. Et ma mère ?

— Je te l'ai dit, elle pousse tant qu'elle peut le procès.

— Oui, mais elle ne se doute de rien relativement à nous ?

— Comment voudrais-tu qu'elle se doutât

de quelque chose ? Tous ceux qui sont du secret ont intérêt à le garder. — Ah ! j'ai su qu'elle avait fait dire aux juges de Paris de se tenir prêts.

— Agissons vite, Henriette. Si nos pauvres captifs changeaient de prison, tout serait à recommencer.

— Sois tranquille, je désire autant que toi les voir dehors.

— Oh ! oui, je le sais bien, et merci, merci cent fois de ce que tu fais pour en arriver là.

— Adieu, Marguerite, adieu ! Je me remets en campagne.

— Et tu es sûre de Beaulieu ?

— Je l'espère.

— Du guichetier ?

— Il a promis.

— Des chevaux ?

— Ils seront les meilleurs de l'écurie du duc de Nevers.

— Je t'adore, Henriette. Et Marguerite se jeta au cou de son amie, après quoi les deux femmes se séparèrent, se promettant de se revoir le lendemain et tous les jours au même lieu et à la même heure.

C'étaient ces deux créatures charmantes et dévouées que Coconnas appelait avec une si saine raison ses boucliers invisibles.

V

Les Juges.

— Eh bien ! mon brave ami, dit Coconnas à La Mole, lorsque les deux compagnons se retrouvèrent ensemble à la suite de l'interrogatoire où, pour la première fois, il avait été question de la figure de cire, il me semble que tout marche à ravir et que nous ne tarderons pas à être abandonnés des juges, ce qui est un diagnostic tout opposé à celui de l'abandon des médecins ; car lorsque le médecin abandonne le malade, c'est qu'il ne peut plus le sauver ; mais, tout au contraire, quand le juge abandonne l'accusé, c'est qu'il perd l'espoir de lui faire couper la tête.

— Oui, dit La Mole ; il me semble même qu'à cette politesse, à cette facilité des geôliers, à l'élasticité des portes, je reconnais nos nobles amies ; mais je ne reconnais pas M. de Beaulieu, à ce que l'on m'avait dit, du moins.

— Je le reconnais bien, moi, dit Coconnas; seulement cela coûtera cher, mais bast! l'une est princesse, l'autre est reine ; elles sont riches toutes deux, et jamais elles n'auront occasion de faire si bon emploi de leur argent. Maintenant récapitulons bien notre leçon : on nous mène à la chapelle ; on nous laisse là sous la garde de notre guichetier ;

nous trouvons à l'endroit indiqué chacun un poignard; je pratique un trou dans le ventre de notre guide...

— Oh! non pas dans le ventre, tu lui volerais ses cinq cents écus; dans le bras.

— Ah! oui, dans le bras ce serait le perdre, pauvre cher homme! on verrait bien qu'il y a mis de la complaisance, et moi aussi. Non, non, dans le côté droit, en glissant adroitement le long des côtes : c'est un coup vraisemblable et innocent.

— Allons, va pour celui-là; ensuite...

— Ensuite tu barricades la grande porte avec des bancs tandis que nos deux princesses s'élancent de l'autel où elles sont cachées et qu'Henriette ouvre la petite porte. Ah! ma foi! je l'aime aujourd'hui, Henriette, il faut qu'elle m'ait fait quelque infidélité pour que cela me reprenne ainsi.

Et puis, dit La Mole avec cette voix frémissante qui passe comme une musique à travers les lèvres, et puis nous gagnons les bois. Un bon baiser donné à chacun de nous nous fait joyeux et forts. Nous vois-tu, Annibal, penchés sur nos chevaux rapides et le cœur doucement oppressé. Oh! la bonne chose que la peur. La peur en plein air lorsqu'on a sa bonne épée nue au flanc: lorsqu'on crie hourra au coursier qu'on aiguillonne de l'éperon, et qui à chaque hourra bondit et vole.

— Oui, dit Coconnas, mais la peur entre quatre murs, qu'en dis-tu, La Mole? Moi, je puis en parler, car j'ai éprouvé quelque chose comme cela. Quand ce visage blême de Beaulieu est entré pour la première fois dans ma chambre, derrière lui dans l'ombre brillaient des pertuisannes, et retentissait un sinistre bruit de fer heurté contre du fer. Je te jure que j'ai pensé tout aussitôt au duc d'Alençon, et que je m'attendais à voir apparaître sa laide face entre deux vilaines têtes de hallebardiers. J'ai été trompé et ce fut ma seule consolation ; mais je n'ai pas tout perdu, la nuit venue, j'en ai rêvé.

— Ainsi, dit La Mole, qui suivait sa pensée souriante sans accompagner son ami dans les excursions que faisait la sienne aux champs du fantastique, ainsi elles ont tout prévu, même le lieu de notre retraite. Nous allons en Lorraine, cher ami. En vérité, j'eusse mieux aimé aller en Navarre ; en Navarre, j'étais chez elle, mais la Navarre est trop loin, Nancy vaut mieux ; d'ailleurs, là, nous ne serons qu'à quatre-vingts lieues de

Paris. Sais-tu un regret que j'emporte, Annibal, en sortant d'ici?

— Ah! ma foi, non... par exemple. Quant à moi, j'avoue que j'y laisse tous les miens.

— Eh bien! c'est de ne pouvoir emmener avec nous le digne geôlier au lieu de...

—Mais il ne voudrait pas, dit Coconnas, il y perdrait trop : songe donc, cinq cents écus de nous, une récompense du gouvernement, de l'avancement peut-être ; comme il va vivre heureux, ce gaillard-là, quand je l'aurai tué... Mais qu'as-tu donc?

— Rien! Une idée qui me passe par l'esprit.

— Elle n'est pas drôle, à ce qu'il paraît, car tu pâlis affreusement,

— C'est que je me demande pourquoi on nous mènerait à la chapelle.

— Tiens! dit Coconnas, pour faire nos pâques. Voilà le moment, ce me semble.

— Mais dit La Mole, on ne conduit à la chapelle que les condamnés à mort ou les torturés.

— Oh! oh! fit Coconnas en pâlissant légèrement à son tour, ceci mérite attention. Interrogeons sur ce point le brave homme que je dois éventrer incessamment. Eh! porte-clés, mon ami!

— Monsieur m'appelle? dit le geôlier, qui faisait le guet sur les premières marches de l'escalier.

— Oui, viens çà.

— Me voici.

— Il est convenu que c'est de la chapelle que nous nous sauverons, n'est-ce pas?

— Chut! dit le porte-clés en regardant avec effroi autour de lui.

— Sois tranquille, personne ne nous écoute.

— Oui, Monsieur, c'est de la chapelle.

— On nous y conduira donc à la chapelle?

— Sans doute, c'est l'usage.

— C'est l'usage?

— Oui, après toute condamnation à mort, c'est l'usage de permettre que le condamné passe la nuit dans la chapelle.

Coconnas et La Mole tressaillirent et se regardèrent en même temps.

— Vous croyez donc que nous serons condamnés à mort?

— Sans doute... mais vous aussi, vous le croyez?

— Comment! nous aussi, dit La Mole.

— Certainement... si vous ne le croyiez pas, vous n'auriez pas tout préparé pour votre fuite.

— Sais-tu que c'est plein de sens, ce qu'il dit là! fit Coconnas à La Mole.

— Oui... ce que je sais aussi, maintenant du moins, c'est que nous jouons gros jeu, à ce qu'il paraît.

— Et moi donc! dit le guichetier, croyez-vous que je ne risque rien?... Si dans un moment d'émotion monsieur allait se tromper de côté!...

— Et mordi! je voudrais être à ta place, dit lentement Coconnas, et ne pas avoir affaire à d'autres mains qu'à cette main, à d'autre fer que celui qui te touchera.

— Condamnés à mort ! murmura La Mole, mais c'est impossible !

— Impossible ! dit naïvement le guichetier, et pourquoi ?

— Chut ! dit Coconnas, je crois que l'on ouvre la porte d'en bas.

— En effet, reprit vivement le geôlier, rentrez, Messieurs ! rentrez !

— Et quand croyez-vous que le jugement ait lieu ? demanda La Mole.

— Demain au plus tard. Mais soyez tranquilles, les personnes qui doivent être prévenues le seront.

— Alors embrassons-nous et faisons nos adieux à ces murs.

Les deux amis se jetèrent dans les bras l'un de l'autre, et rentrèrent chacun dans sa chambre, La Mole soupirant, Coconnas chantonnant.

Il ne se passa rien de nouveau jusqu'à sept heures du soir. La nuit descendit sombre et pluvieuse sur le donjon de Vincennes, une vraie nuit d'évasion. On apporta le repas du soir de Coconnas, lequel soupa avec son appétit ordinaire, tout en songeant au plaisir qu'il aurait à être mouillé par cette pluie qui fouettait les murailles, et déjà il se préparait à s'endormir, au murmure sourd et monotone du vent, quand il lui sembla que ce vent, qu'il écoutait parfois avec un sentiment de mélancolie qu'il n'avait jamais éprouvé avant qu'il fût en prison, sifflait plus étrangement que d'habitude sous toutes les portes, et que le poêle ronflait avec plus de rage qu'à l'ordinaire. Ce phénomène avait lieu chaque fois qu'on ouvrait un des cachots de l'étage supérieur et surtout celui d'en face. C'est à ce bruit qu'Annibal reconnaissait toujours que le geôlier allait venir, attendu que ce bruit indiquait qu'il sortait de chez La Mole.

Cependant, cette fois Coconnas demeura inutilement le cou tendu et l'oreille au guet.

Le temps s'écoula, personne ne vint.

— C'est étrange, dit Coconnas, on a ouvert chez La Mole et l'on n'ouvre pas chez moi. La Mole aurait-il appelé ? serait-il malade ? que veut dire cela ?

Tout est soupçon et inquiétude comme tout est joie et espoir pour un prisonnier.

Une demi-heure s'écoula, puis une heure, puis une heure et demie.

Coconnas commençait à s'endormir de dépit, quand le bruit de la serrure le fit bondir.

— Oh! oh! dit-il, est-ce déjà l'heure du départ et va-t-on nous conduire à la chapelle sans être condamnés? Mordi! ce serait un plaisir de fuir par une nuit pareille, il fait noir comme dans un four; pourvu que les chevaux ne soient point aveugles!

Il se préparait à questionner gaiement le porte-clés, quand il vit celui-ci appliquer son doigt sur ses lèvres en roulant de gros yeux très éloquents.

En effet, derrière le geôlier on entendait du bruit et l'on apercevait des ombres.

Tout à coup, au milieu de l'obscurité, il

distingua deux casques sur chacun desquels la chandelle fumeuse envoya une paillette d'or.

— Oh! oh! demanda-t-il à demi-voix, qu'est-ce que c'est que cet appareil sinistre? où allons-nous donc?

Le geôlier ne répondit que par un soupir qui ressemblait fort à un gémissement.

— Mordi! murmura Coconnas, quelle peste d'existence, toujours des extrêmes, jamais de terre ferme; on barbote dans cent pieds d'eau, ou l'on plane au-dessus des nuages, pas de milieu. — Voyons, où allons-nous?

— Suivez les hallebardiers, Monsieur, dit une voix grasseyante, qui fit connaître à Coconnas que les soldats qu'il avait entrevus étaient accompagnés d'un huissier quelconque.

— Et M. de La Mole, demanda le Piémontais, où est-il? que devient-il?

— Suivez les hallebardiers, répéta la même voix grasseyante sur le même ton.

Il fallait obéir. Coconnas sortit de sa chambre, et aperçut l'homme noir dont la voix lui avait été si désagréable. C'était un petit greffier bossu, et qui sans doute s'était fait homme de robe pour qu'on ne s'aperçut point qu'il était bancal en même temps.

Il descendit lentement l'escalier en spirale. Au premier étage, les gardes s'arrêtèrent.

— C'est beaucoup descendre, murmura Coconnas, mais pas encore assez.

La porte s'ouvrit. Coconnas avait un regard de lynx et un flair de limier, il flaira des juges, et vit dans l'ombre une silhouette d'homme aux bras nus qui lui fit monter la sueur au front. Il n'en prit pas moins la mine la plus souriante, pencha la tête à gauche, selon le code des grands airs à la mode à cette époque, et, le poing sur la hanche, entra dans la salle.

On leva une tapisserie, et Coconnas aperçut effectivement des juges et des greffiers.

A quelques pas de ces juges et de ces greffiers, La Mole était assis sur un banc.

Coconnas fut conduit devant le tribunal. Arrivé en face des juges, Coconnas s'arrêta, salua La Mole d'un signe de tête et d'un sourire, puis il attendit.

— Comment vous nommez-vous, Monsieur? lui demanda le président.

— Marc-Annibal de Coconnas, répondit le gentilhomme avec une grâce parfaite, comte de Montpantier, Chenaux et autres lieux ; mais on connaît nos qualités, je présume.

— Où êtes-vous né?

— A Saint-Colomban près de Suze.

— Quel âge avez-vous?

— Vingt-sept ans et trois mois.

— Bien, dit le président.

— Il paraît que cela lui fait plaisir, murmura Coconnas.

— Maintenant, dit le président après un moment de silence qui donna au greffier le temps d'écrire les réponses de l'accusé, quel était votre but en quittant la maison de M. D'Alençon?

— De me réunir à M. de La Mole, mon ami, que voilà, et qui, lorsque je la quittai, moi, l'avait déjà quittée depuis quelques jours.

— Que faisiez-vous à la chasse, où vous fûtes arrêté?

— Mais, répondit Coconnas... je chassais.

— Le roi était aussi à cette chasse, et il y ressentit les premières atteintes du mal dont il souffre en ce moment.

— Quant à ceci, je n'étais pas près du roi, et je ne puis rien dire. J'ignorais même qu'il fût atteint d'un mal quelconque.

Les juges se regardèrent avec un sourire d'incrédulité.

— Ah! vous l'ignoriez? dit le président.

— Oui, Monsieur, et j'en suis fâché. Quoique le roi de France ne soit pas mon roi, j'ai beaucoup de sympathie pour lui.

— Vraiment?

— Parole d'honneur! Ce n'est pas comme pour son frère le duc d'Alençon. Celui-là, je l'avoue...

— Il ne s'agit point ici du duc d'Alençon, Monsieur, mais de Sa Majesté.

— Eh bien, je vous ai déjà dit que j'étais son très humble serviteur, répondit Coconnas en se dandidant avec une adorable indolence.

— Si vous êtes en effet son serviteur, comme vous le prétendez, Monsieur, voulez-vous nous dire ce que vous savez d'une certaine statue magique?

— Ah! bon! nous revenons à l'histoire de la statue, à ce qu'il paraît.

— Oui, Monsieur, cela vous déplaît-il?

— Non point, au contraire; j'aime mieux cela. Allez.

— Pourquoi cette statue se trouvait-elle chez M. de La Mole?

— Chez M. de La Mole, cette statue? Chez René, vous voulez dire.

— Vous reconnaissez donc qu'elle existe?

— Dame! si on me la montre.

— La voici. Est-ce celle que vous connaissez?

— Très bien.

— Greffier, dit le président, écrivez que l'accusé reconnaît la statue pour l'avoir vue chez M. de La Mole.

— Non pas, non pas, dit Coconnas, ne confondons point : pour l'avoir vue chez René.

— Chez René, soit! Quel jour?

— Le seul jour où nous y avons été, M. de La Mole et moi.

— Vous avouez donc que vous avez été chez René avec M. de La Mole?

— Ah çà! est-ce que je m'en suis jamais caché?

— Greffier, écrivez que l'accusé avoue avoir été chez René pour faire des conjurations.

— Holà, hé! tout beau, tout beau, Monsieur le président. Modérez votre enthousiasme, je vous prie : je n'ai pas dit un mot de cela.

— Vous niez que vous ayez été chez René pour faire des conjurations?

— Je le nie. La conjuration s'est faite par accident, mais sans préméditation.

— Mais elle a eu lieu?

— Je ne puis nier qu'il se soit fait quelque chose qui ressemblait à un charme.

— Greffier, écrivez que l'accusé avoue

qu'il s'est fait chez René un charme contre la vie du roi.

— Comment! contre la vie du roi! C'est un infâme mensonge. Il ne s'est jamais fait de charmes contre la vie du roi.

— Vous le voyez, Messieurs, dit La Mole.

— Silence! fit le président; puis se retournant vers le greffier. Contre la vie du roi, continua-t-il. Y êtes-vous?

— Mais non, mais non, dit Coconnas. D'ailleurs, la statue n'est pas une statue d'homme, mais de femme.

— Eh bien! Messieurs, que vous avais-je dit? reprit La Mole.

— Monsieur de La Mole, dit le président,

répondez quand nous vous interrogerons ; mais n'interrompez point l'interrogatoire des autres.

— Ainsi, vous dites que c'est une femme ?

— Sans doute, je le dis.

— Pourquoi alors a-t-elle une couronne et un manteau royal ?

— Pardieu ! dit Coconnas, c'est bien simple ; parce que c'était...

La Mole se leva et mit un doigt sur sa bouche.

— C'est juste, dit Coconnas ; qu'allais-je donc raconter, moi, comme si cela regardait ces messieurs !

— Vous persistez à dire que cette statue est une statue de femme ?

— Oui, certainement, je persiste.

— Et vous refusez de dire quelle est cette femme?

— Une femme de mon pays, dit La Mole, que j'aimais et dont je voulais être aimé.

— Ce n'est pas vous qu'on interroge, Monsieur de La Mole, s'écria le président, taisez-vous donc, où l'on vous bâillonnera.

— ... Bâillonnera, dit Coconnas; comment dites-vous cela, Monsieur de la robe noire? On bâillonnera mon ami, un gentilhomme! Allons-donc!

Faites entrer René, dit le procureur-général Laguesle.

— Oui, faites entrer René, dit Coconnas,

faites; nous allons voir un peu qui a raison ici, de vous trois ou de nous deux.

René entra pâle, vieilli, presque méconnaissable pour les deux amis; courbé sous le poids du crime qu'il allait commettre, bien plus que de ceux qu'il avait commis.

— Maître René, dit le juge, reconnaissez-vous les deux accusés ici présents ?

— Oui, Monsieur, répondit René d'une voix que trahissait son émotion.

— Pour les avoir vus où ?

— En plusieurs lieux, et notamment chez moi.

— Combien de fois ont-ils été chez vous ?

— Une seule.

— A mesure que René parlait la figure de

Coconnas s'épanouissait. Le visage de La Mole, au contraire, demeurait grave comme s'il avait eu un pressentiment.

— Et à quelle occasion ont-ils été chez vous ?

René sembla hésiter un moment.

— Pour me commander une figure de cire, dit-il.

— Pardon, pardon, maître René, dit Coconnas, vous faites une petite erreur.

— Silence ! dit le président ; puis se retournant vers René : Cette figurine, continua-t-il, est-elle une figure d'homme ou de femme ?

— D'homme répondit René.

— Coconnas bondit comme s'il eût reçu une commotion électrique.

— D'homme! dit-il.

— D'homme, répéta René, mais d'une voix si faible qu'à peine le président l'entendit.

— Et pourquoi cette statue d'homme a-t-elle un manteau sur les épaules et une couronne sur la tête?

— Parce que cette statue représente un roi, dit René.

— Infàme menteur! cria Coconnas exaspéré.

— Tais-toi, Coconnas, tais-toi, interrompit La Mole; laisse dire cet homme, chacun est maître de perdre son âme.

— Mais non pas le corps des autres, mordi !

— Et que voulait dire cette aiguille d'acier que la statue avait dans le cœur, avec la lettre M écrite sur une petite bannière ?

— L'aiguille simulait l'épée ou le poignard, la lettre M veut dire MORT.

Coconnas fit un mouvement pour étrangler René, quatre gardes le retinrent.

— C'est bien, dit le procureur Laguesle, le tribunal est suffisamment renseigné. Reconduisez les prisonniers dans les chambres d'attente.

— Mais, s'écriait Coconnas, il est impossible de s'entendre accuser de pareilles choses sans protester.

— Protestez, Monsieur, on ne vous en empêche pas. Gardes, vous avez entendu.

Les gardes s'emparèrent des deux accusés et les firent sortir, La Mole par une porte, Coconnas par l'autre.

Puis le procureur fit signe à cet homme que Coconnas avait aperçu dans l'ombre et lui dit :

— Ne vous éloignez pas, Maître, vous aurez de la besogne cette nuit.

— Par lequel commencerai-je, Monsieur? demanda l'homme en mettant respectueusement le bonnet à la main.

— Par celui-ci, dit le président en montrant La Mole, qu'on apercevait encore comme une ombre entre les deux gardes, puis s'approchant de René, qui était resté debout et tremblant en attendant à son tour qu'on le reconduisît au Châtelet, où il était enfermé :

— Bien, Monsieur, lui dit-il, soyez tranquille, la reine et le roi sauront que c'est à vous qu'ils auront dû de connaître la vérité.

Mais, au lieu de lui rendre de la force, cette promesse parut atterrer René, et il ne répondit qu'en poussant un profond soupir.

VI

La torture du brodequin.

Ce fut seulement lorsqu'on l'eut reconduit dans son nouveau cachot et qu'on eut refermé la porte derrière lui, que Coconnas, abandonné à lui-même et çessant d'être soutenu par la lutte avec les juges et par sa colère contre René, commença la série de ses tristes réflexions.

— Il me semble, se dit-il à lui-même, que

cela tourne au plus mal, et qu'il serait temps d'aller un peu à la chapelle. Je me défie des condamnations à mort ; car incontestablement, on s'occupe de nous condamner à mort à cette heure. Je me défie surtout des condamnations à mort qui se prononcent dans le huis-clos d'un château-fort devant des figures aussi laides que toutes ces figures qui m'entouraient.

On veut sérieusement nous couper la tête, hum! hum!... Je reviens donc à ce que je disais, il serait temps d'aller à la chapelle.

Ces mots prononcés à demi-voix furent suivis d'un silence, et ce silence fut interrompu par un cri sourd, étouffé, lugubre, et qui n'avait rien d'humain ; ce cri sembla percer la muraille épaisse et vint vibrer sur le fer de ses barreaux.

Coconnas frissonna malgré lui : et cependant c'était un homme si brave que chez lui la valeur ressemblait à l'instinct des bêtes féroces, Coconnas demeura immobile à l'endroit où il avait entendu la plainte, doutant qu'une pareille plainte pût être prononcée par un être humain, et la prenant pour le gémissement du vent dans les arbres, ou pour un de ces mille bruits de la nuit qui semblent descendre ou monter des deux mondes inconnus entre lesquels tourne notre monde ; alors une seconde plainte, plus douloureuse, plus profonde, plus poignante encore que la première, parvint à Coconnas, et cette fois non-seulement il distingua bien positivement l'expression de la douleur dans la voix humaine, mais encore il crut reconnaître dans cette voix celle de La Mole.

A cette voix, le Piémontais oublia qu'il était retenu par deux portes, par trois grilles et par une muraille épaisse de douze pieds ; il s'élança de tout son poids contre cette muraille comme pour la renverser et voler au secours de la victime en s'écriant :

— On égorge donc quelqu'un ici? — Mais il rencontra sur son chemin le mur auquel il n'avait pas pensé et il tomba froissé du choc contre un banc de pierre sur lequel il s'affaissa.

Ce fut tout.

— Oh! ils l'ont tué, murmura-t-il, c'est abominable, mais c'est qu'on ne peut le défendre ici... rien, pas d'armes.

Il étendit les mains autour de lui.

— Ah! cet anneau de fer, s'écria-t-il, je l'arracherai et malheur à qui m'approchera !

Coconnas se releva, saisit l'anneau de fer, et, d'une première secousse, l'ébranla si violemment qu'il était évident qu'avec deux secousses pareilles il le descellerait.

Mais soudain la porte s'ouvrit et une lumière produite par deux torches envahit le cachot.

— Venez, Monsieur, dit la même voix grasseyante qui lui avait été déjà si particulièrement désagréable, et qui pour se faire entendre cette fois trois étages au-dessous, ne lui parut pas avoir acquis le charme qui lui manquait, venez, Monsieur, la cour vous attend.

— Bon, dit Coconnas lâchant son anneau, c'est mon arrêt que je vais entendre n'est-ce pas?

— Oui, Monsieur.

— Oh! je respire, marchons, dit-il.

Et il suivit l'huissier, qui marchait devant lui de son pas compassé et tenant sa baguette noire.

Malgré la satisfaction qu'il avait témoignée dans un premier mouvement, Coconnas jetait, tout en marchant, un regard inquiet à droite et à gauche, devant et derrière.

— Oh! oh! murmura-t-il, je n'aperçois pas mon digne geôlier, j'avoue que sa présence me manque.

On entra dans la salle que venaient de quitter les juges et où demeurait seul debout un homme que Coconnas reconnut pour le procureur-général, qui avait plusieurs fois, dans le cours de l'interrogatoire, porté la parole, et toujours avec une animosité facile à reconnaître.

En effet, c'était celui à qui Catherine, tantôt par lettre, tantôt de vive voix, avait particulièrement recommandé le procès.

Un rideau levé laissait voir le fond de cette chambre, et cette chambre dont les profondeurs se perdaient dans l'obscurité, avait dans ses parties éclairées un aspect si terrible que Coconnas sentit que les jambes lui manquaient et s'écria : — Oh ! mon Dieu !

Ce n'était pas sans cause que Coconnas avait poussé ce cri de terreur.

Le spectacle était en effet des plus lugubres. La salle, cachée pendant l'interrogatoire par ce rideau, qui était levé maintenant, apparaissait comme le vestibule de l'enfer.

Au premier plan on voyait un chevalet

de bois garni de cordes, de poulies et d'autres accessoires tortionnaires. Plus loin flambait un brâsier qui reflétait ses lueurs rougeâtres sur tous les objets environnants, et qui assombrissait encore la silhouette de ceux qui se trouvaient entre Coconnas et lui. Contre une des colonnes qui soutenaient la voûte, un homme immobile comme une statue se tenait debout une corde à la main. On eût dit qu'il était de la même pierre que la colonne à laquelle il adhérait. Sur les murs, au-dessus des bancs de grès, entre des anneaux de fer, pendaient des chaînes et reluisaient des lames.

— Oh! murmura Coconnas, la salle de la torture toute préparée et qui semble ne plus attendre que le patient! Qu'est-ce que cela signifie?

— A genoux, Marc-Annibal Coconnas, dit

une voix qui fit relever la tête du gentilhomme, à genoux pour entendre l'arrêt qui vient d'être rendu contre vous !

C'étaient de ces invitations contre lesquelles toute la personne d'Annibal réagissait instinctivement.

Mais comme elle était en train de réagir, deux hommes appuyèrent leurs mains sur son épaule d'une façon si inattendue, et surtout si pesante, qu'il tomba les deux genoux sur la dalle.

La voix continua :

« Arrêt rendu par la cour, séant au don-
« jon de Vincennes, contre Marc-Annibal
« de Coconnas, atteint et convaincu du
« crime de lèze-majesté, de tentative d'em-
« poisonnement, de sortilège et de magie

« contre la personne du roi, du crime de
« conspiration contre la sûreté de l'État,
« comme aussi pour avoir entraîné, par ses
« pernicieux conseils, un prince du sang à
« la rébellion... »

A chacune de ces imputations, Coconnas avait hoché la tête en battant la mesure comme font les écoliers indociles.

Le juge continua :

« En conséquence de quoi, sera ledit
« Marc-Annibal de Coconnas, conduit de la
« prison à la place Saint-Jean en Grève,
« pour y être décapité ; ses biens seront
« confisqués, ses hautes futaies coupées à la
« hauteur de six pieds, ses châteaux ruinés,
« et en l'air un poteau planté avec une
« plaque de cuivre qui constatera le crime
« et le châtiment... »

— Pour ma tête, dit Coconnas, je crois bien qu'on la tranchera, car elle est en France et fort aventurée même. Quant à mes bois de haute futaie, et quant à mes châteaux ; je défie toutes les scies et toutes les pioches du royaume très chrétien de mordre dedans.

— Silence ! fit le juge, et il continua :

« De plus, sera ledit Coconnas... »

— Comment ! interrompit Coconnas, il me sera fait quelque chose encore après la décapitation ? oh! oh! celle-là me paraît bien sévère.

— Non, Monsieur, dit le juge : avant...

Et il reprit :

« Et sera de plus ledit Coconnas, avant

« l'exécution du jugement, appliqué à la
« question extraordinaire, qui est des dix
« coins... »

Coconnas bondit, foudroyant le juge d'un regard étincelant.

— Et pourquoi faire? s'écria-t-il ne trouvant pas d'autres mots que cette naïveté pour exprimer la foule des pensées qui venaient de surgir dans son esprit.

En effet, cette torture était pour Coconnas le renversement complet de ses espérances ; il ne serait conduit à la chapelle qu'après la torture, et de cette torture on en mourait souvent ; on en mourait d'autant mieux qu'on était plus brave et plus fort, car alors on regardait comme une lâcheté d'avouer ; et tant qu'on n'avouait pas, la torture continuait, et non seulement continuait, mais redoublait de force.

Le juge se dispensa de répondre à Coconnas, la suite de l'arrêt répondant pour lui ; seulement il continua :

« Afin de le forcer d'avouer ses compli-
« ces, complots et machinations dans le dé-
« tail. »

— Mordi ! s'écria Coconnas, voilà ce que j'appelle une infamie ; voilà ce que j'appelle bien plus qu'une infamie, voilà ce que j'appelle une lâcheté !

Accoutumé aux colères des victimes, colères que la souffrance calme en les changeant en larmes, le juge impassible ne fit qu'un seul geste.

Coconnas, saisi par les pieds et par les épaules, fut renversé, emporté, couché et attaché sur le lit de la question avant d'avoir pu regarder même ceux qui lui faisaient cette violence.

— Misérables! hurlait Coconnas secouant dans un paroxisme de fureur le lit et les tréteaux de manière à faire reculer les tourmenteurs eux-mêmes, misérables! torturez-moi, brisez-moi, mettez-moi en morceaux, vous ne saurez rien, je vous le jure! Ah! vous croyez que c'est avec des morceaux de bois et avec des morceaux de fer qu'on fait parler un gentilhomme de mon nom! Allez, allez, je vous en défie.

— Préparez-vous à écrire, greffier, dit le juge.

— Oui, prépare-toi! hurla Coconnas, et si tu écris tout ce que je vais vous dire à tous, infâmes bourreaux, tu auras de l'ouvrage. Écris, écris.

— Voulez-vous faire des révélations? dit le juge de sa même voix calme.

— Rien, pas un mot, allez au diable.

— Vous réfléchirez, Monsieur, pendant les préparatifs. Allons, maître, ajustez les bottines à monsieur.

A ces mots, l'homme qui était resté debout et immobile jusque-là, les cordes à la main, se détacha de la colonne, et d'un pas lent s'approcha de Coconnas, qui se retourna de son côté pour lui faire la grimace.

C'était maître Caboche, le bourreau de la prévôté de Paris.

Un douloureux étonnement se peignit sur les traits de Coconnas, qui, au lieu de crier et de s'agiter, demeura immobile et ne pouvant détacher ses yeux du visage de cet ami oublié qui reparaissait en un pareil moment.

Caboche, sans qu'un seul muscle de son visage fût agité, sans qu'il parût avoir jamais vu Coconnas autre part que sur le chevalet, lui introduisit deux planches entre les jambes, lui plaça deux autres planches pareilles en dehors des jambes, et ficela le tout avec la corde qu'il tenait à la main.

C'était cet appareil qu'on appelait les brodequins.

Pour la question ordinaire on enfonçait six coins entre les deux planches, qui, en s'écartant, broyaient les chairs.

Pour la question extraordinaire, on enfonçait dix coins, et alors les planches, non-seulement broyaient les chairs, mais faisaient éclater les os.

L'opération préliminaire terminée, maître Caboche introduisit l'extrémité du coin entre les deux planches ; puis son maillet à la main, agenouillé sur un seul genou, il regarda le juge.

— Voulez-vous parler ? demanda celui-ci.

— Non, répondit résolument Coconnas, quoiqu'il sentît la sueur perler sur son front et ses cheveux se dresser sur sa tête.

— En ce cas, allez, dit le juge, premier coin de l'ordinaire.

Caboche leva son bras armé d'un lourd maillet et asséna un coup terrible sur le coin, qui rendit un son mat.

Le chevalet trembla.

Coconnas ne laissa point échapper une plainte à ce premier coin, qui, d'ordinaire, faisait gémir les plus résolus.

— Il y eut même plus, la seule expression qui se peignit sur son visage fut celle d'un indicible étonnement. Il regarda avec des yeux stupéfaits Caboche, qui, le bras levé, à demi retourné vers le juge, s'apprêtait à redoubler.

— Quelle était votre intention en vous cachant dans la forêt? demanda le juge.

— De nous asseoir à l'ombre, répondit Coconnas.

— Allez, dit le juge.

Caboche appliqua un second coup, qui résonna comme le premier.

Mais pas plus qu'au premier coup Coconnas ne sourcilla, et son œil continua de regarder le bourreau avec la même expression.

Le juge fronça le sourcil.

— Voilà un chrétien bien dur, murmura-t-il ; le coin est-il entré jusqu'au bout, maître ?

Caboche se baissa comme pour examiner, mais en se baissant il dit tout bas à Coconnas :

— Mais criez donc, malheureux !

Puis se relevant :

— Jusqu'au bout, Monsieur, dit-il.

— Second coin de l'ordinaire, reprit froidement le juge.

Les quatre mots de Caboche expliquaient tout à Coconnas. Le digne bourreau venait de rendre *à son ami* le plus grand service qui se puisse rendre de bourreau à gentilhomme.

Il lui épargnait plus que la douleur, il lui épargnait la honte des aveux, en lui enfonçant entre les jambes des coins de cuir élastiques, dont la partie supérieure était seulement garnie de bois, au lieu de lui enfoncer des coins en chêne. De plus, il lui laissait toute sa force pour faire face à l'échafaud.

— Ah! brave, brave Caboche, murmura Coconnas, sois tranquille, va, je vais crier, puisque tu me le commandes, et si tu n'es pas content, tu seras diffficile.

Pendant ce temps, Caboche avait introduit entre les planches l'extrémité d'un coin plus gros encore que le premier.

— Allez, dit le juge.

A ce mot, Caboche frappa comme s'il se fût agi de démolir d'un seul coup le donjon de Vincennes.

— Ah! ah! hou! hou! cria Coconnas sur les intonations les plus variées. Mille tonnerres, vous me brisez les os, prenez donc garde.

— Ah! dit le juge en souriant, le second fait son effet; cela m'étonnait aussi.

Coconnas respira comme un soufflet de forge.

— Que faisiez-vous donc dans la forêt? répéta le juge.

— Eh! mordieu! je vous l'ai déjà dit, je prenais le frais.

— Allez, dit le juge.

— Avouez, lui glissa Caboche à l'oreille.

— Quoi?

— Tout ce que vous voudrez, mais avouez quelque chose.

Et il donna le second coup non moins bien appliqué que le premier.

Coconnas pensa s'étrangler à force de crier.

— Oh! là là! dit-il. Que désirez-vous savoir, Monsieur; par ordre de qui j'étais dans le bois?

— Oui, Monsieur.

— J'y étais par ordre de M. d'Alençon.

— Écrivez, dit le juge.

— Si j'ai commis un crime en tendant un piège au roi de Navarre, continua Coconnas, je n'étais qu'un instrument, Monsieur, et j'obéissais à mon maître.

Le greffier se mit à écrire.

— Oh! tu m'as dénoncé, face blême, murmura le patient, attends, attends.

Et il raconta les visites de François au roi de Navarre, les entrevues entre de Mouy et M. d'Alençon, l'histoire du manteau rouge, le tout en hurlant par réminiscence et en se faisant ajouter de temps en temps un coup de marteau.

Enfin il donna tant de renseignements précis, véridiques, incontestables, terribles contre M. le duc d'Alençon ; il fit si bien paraître ne les accorder qu'à la violence des douleurs ; il grimaça, rugit, se plaignit si naturellement, et sur tant d'intonations différentes, que le juge lui-même finit par s'effaroucher d'avoir à enregistrer des détails si compromettants pour un fils de France.

— Eh bien ! à la bonne heure ! disait Caboche, voici un gentilhomme à qui il n'est pas besoin de dire les choses à deux fois et qui fait bonne mesure au greffier. Jésus-Dieu ! que serait-ce donc, si, au lieu d'être de cuir, les coins étaient de bois !

Aussi fit-on grâce à Coconnas du dernier coin de l'extraordinaire ; mais, sans compter celui-là, il avait eu affaire à neuf autres, ce qui suffisait parfaitement à lui mettre les jambes en bouillie.

Le juge fit valoir à Coconnas la douceur qu'il lui accordait en faveur de ses aveux et se retira.

Le patient resta seul avec Caboche.

— Hé bien! lui demanda celui-ci, comment allons-nous, mon gentilhomme?

— Ah! mon ami! mon brave ami, mon cher Caboche! dit Coconnas, sois certain que je serai reconnaissant toute ma vie de ce que tu viens de faire pour moi.

— Peste! vous avez raison, Monsieur, car si on savait ce que j'ai fait pour vous c'est moi qui prendrais votre place sur ce chevalet, et on ne me ménagerait point, moi, comme je vous ai ménagé.

— Mais comment as-tu eu l'ingénieuse idée...

— Voilà, dit Caboche tout en entortillant les jambes de Coconnas dans les linges ensanglantés : J'ai su que vous étiez arrêté, j'ai su qu'on faisait votre procès, j'ai su que la reine Catherine voulait votre mort; j'ai deviné qu'on vous donnerait la question, et j'ai pris mes précautions en conséquence.

— Au risque de ce qui pouvait arriver?

— Monsieur, dit Caboche, vous êtes le seul gentilhomme qui m'ait donné la main, et l'on a de la mémoire et un cœur, tout bourreau qu'on est, et peut-être même parce qu'on est bourreau. Vous verrez demain comme je ferai proprement ma besogne.

— Demain? dit Coconnas.

— Sans doute, demain.

— Quelle besogne?

Caboche regarda Coconnas avec stupéfaction.

— Comment, quelle besogne? avez-vous donc oublié l'arrêt?

— Ah! oui, en effet, l'arrêt, dit Coconnas; je l'avais oublié.

Le fait est que Coconnas ne l'avait point oublié, mais qu'il n'y pensait pas.

Ce à quoi il pensait, c'était à la chapelle, au couteau caché sous la nappe sacrée, à Henriette et à la reine, à la porte de la sacristie et aux deux chevaux attendant à la lisière de la forêt; ce à quoi il pensait, c'était à la liberté, c'était à la course en plein air, c'était à la sécurité au-delà des frontières de France.

— Maintenant, dit Caboche, il s'agit de vous faire passer adroitement du chevalet sur la litière. N'oubliez pas que pour tout le monde, et même pour mes valets, vous avez les jambes brisées, et qu'à chaque mouvement vous devez pousser un cri.

— Aie! fit Coconnas rien qu'en voyant les deux valets approcher de lui la litière.

— Allons! allons! un peu de courage, dit Caboche; si vous criez déjà, que direz-vous donc tout à l'heure!

— Mon cher Caboche, dit Coconnas, ne me laissez pas toucher, je vous en supplie, par vos estimables acolytes; peut-être n'auraient-ils pas la main aussi légère que vous.

— Posez la litière près du chevalet, dit maître Caboche.

Les deux valets obéirent. Maître Caboche prit Coconnas dans ses bras comme il aurait fait d'un enfant, et le déposa couché sur le brancard; mais malgré toutes ces précautions Coconnas poussa des cris féroces.

Le brave guichetier apparut alors avec une lanterne.

— A la chapelle, dit-il.

Et les porteurs de Coconnas se mirent en route après que Coconnas eut donné à Caboche une seconde poignée de main.

La première avait trop bien réussi au Piémontais pour qu'il fît désormais le difficile.

VII

La chapelle.

Le lugubre cortège traversa dans le plus profond silence les deux ponts-levis du donjon et la grande cour du château qui mène à la chapelle, et aux vitraux de laquelle une pâle lumière colorait les figures livides des apôtres en robes rouges.

Coconnas aspirait avidement l'air de la

nuit, quoique cet air fût tout chargé de pluie. Il regardait l'obscurité profonde et s'applaudissait de ce que toutes ces circonstances étaient propices à sa fuite et à celle de son compagnon.

Il lui fallut toute sa volonté, toute sa prudence, toute sa puissance sur lui-même pour ne pas sauter en bas de la litière, dès que, porté dans la chapelle, il aperçut dans le chœur, et à trois pas de l'autel, une masse gisante dans un grand manteau blanc. C'était La Mole.

Les deux soldats qui accompagnaient la litière s'étaient arrêtés en dehors de la porte.

— Puisqu'on nous fait cette suprême grâce de nous réunir encore une fois, dit

Coconnas alanguissant sa voix, portez-moi près de mon ami.

—Les porteurs n'avaient aucun ordre contraire, ils ne firent donc aucune difficulté d'accorder la demande de Coconnas.

La Mole était sombre et pâle, sa tête était appuyée au marbre de la muraille ; ses cheveux noirs, baignés d'une sueur abondante, qui donnait à son visage la mate pâleur de l'ivoire, semblaient avoir conservé leur roideur après s'être hérissés sur sa tête.

Sur un signe du porte-clés les deux valets s'éloignèrent pour aller chercher le prêtre que demanda Coconnas.

C'était le signal convenu.

Coconnas les suivait des yeux avec anxiété; mais il n'était pas le seul dont le regard ardent était fixé sur eux. A peine eurent-ils disparu que deux femmes s'élancèrent de derrière l'autel et firent irruption dans le chœur avec des frémissements de joie qui les précédaient, agitant l'air comme un souffle chaud et bruyant précède l'orage.

Marguerite se précipita vers La Mole et le saisit dans ses bras.

La Mole poussa un cri terrible, un de ces cris comme en avait entendu Coconnas dans son cachot et qui avaient failli le rendre fou.

—Mon Dieu! qu'y a-t-il donc, La Mole? dit Marguerite se reculant d'effroi.

La Mole poussa un gémissement profond et porta ses mains à ses yeux comme pour ne pas voir Marguerite.

Marguerite fut épouvantée plus encore de

ce silence et de ce geste que du cri de douleur qu'avait poussé La Mole.

—Oh! s'écria-t-elle, qu'as-tu donc? tu es tout en sang.

Coconnas, qui s'était élancé vers l'autel, qui avait pris le poignard, qui tenait déjà Henriette enlacée, se retourna.

—Lève-toi donc, disait Marguerite, lève-toi donc, je t'en supplie! tu vois bien que le moment est venu.

Un sourire effrayant de tristesse passa sur les lèvres blêmes de La Mole, qui semblait ne plus devoir sourire.

—Chère reine! dit le jeune homme, vous aviez compté sans Catherine, et par conséquent sans un crime. J'ai subi la question, mes os sont rompus, tout mon corps n'est qu'une plaie, et le mouvement que je fais en ce moment pour appuyer mes lèvres sur votre front me cause des douleurs pires que la mort.

Et en effet, avec effort et tout pâlissant, La Mole appuya ses lèvres sur le front de la reine.

— La question! s'écria Coconnas, mais moi aussi je l'ai subie ; mais le bourreau n'a-t-il donc pas fait pour toi ce qu'il a fait pour moi?

Et Coconnas raconta tout.

— Ah! dit La Mole, cela se comprend : tu lui as donné la main le jour de notre visite ; moi j'ai oublié que tous les hommes sont frères, j'ai fait le dédaigneux. Dieu me punit de mon orgueil, merci à Dieu !

La Mole joignit les mains.

Coconnas et les deux femmes échangèrent un regard d'indicible terreur.

—Allons, allons, dit le geôlier, qui avait été jusqu'à la porte pour écouter et qui était revenu, allons, ne perdez pas de temps, cher monsieur de Coconnas ; mon coup de dague, et arrangez-moi cela en digne gentilhomme, car ils vont venir.

Marguerite s'était agenouillée près de La Mole, pareille à ces figures de marbre courbées sur un tombeau, près du simulacre de celui qu'il renferme.

—Allons, ami, dit Coconnas, du courage ! je suis fort, je t'emporterai, je te placerai sur ton cheval, je te tiendrai même devant moi si tu ne peux te soutenir sur la selle, mais partons, partons ; tu entends bien ce que nous dit ce brave homme, il s'agit de la vie.

La Mole fit un effort surhumain, un effort sublime.

—C'est vrai, il s'agit de ta vie, dit-il.

Et il essaya de se soulever.

Annibal le prit sous les bras et le dressa debout. La Mole, pendant ce temps, n'avait fait entendre qu'une espèce de rugissement sourd; mais au moment où Coconnas le lâchait pour aller au guichetier, et lorsque le patient ne fut plus soutenu que par le bras des deux femmes, ses jambes plièrent, et, malgré les efforts de Marguerite en larmes, il tomba comme une masse, et le cri déchirant qu'il ne put retenir fit retentir la chapelle d'un écho lugubre qui vibra longtemps sous ses voûtes.

— Vous voyez, dit La Mole avec un accent de détresse, vous voyez, ma reine, laissez-moi donc, abandonnez-moi donc avec un dernier adieu de vous. Je n'ai point parlé, Marguerite, votre secret est donc demeuré enveloppé dans mon amour, et mourra tout entier avec moi. Adieu, ma reine, adieu...

Marguerite, presque inanimée elle-même, entoura de ses bras cette tête charmante, et y imprima un baiser presque religieux.

— Toi, Annibal, dit La Mole, toi que les douleurs ont épargné, toi qui es jeune encore et qui peux vivre, fuis, fuis, mon ami, donne-moi cette consolation suprême de te savoir en liberté.

— L'heure passe, cria le geôlier, allons, hâtez-vous.

Henriette essayait d'entraîner doucement Annibal, tandis que Marguerite à genoux devant La Mole, les cheveux épars et les yeux ruisselants, semblait une Madeleine.

— Fuis, Annibal, reprit La Mole, fuis, ne donne pas à nos ennemis le joyeux spectacle de la mort de deux innocents.

Coconnas repoussa doucement Henriette qui l'attirait vers la porte, et d'un geste si solennel qu'il en était devenu majestueux :

— Madame, dit-il, donnez d'abord les cinq cents écus que nous avons promis à cet homme.

— Les voici, dit Henriette.

Alors se retournant vers La Mole et secouant tristement la tête.

— Quant à toi, bon La Mole, dit-il, tu

me fais injure en pensant un instant que je puisse te quitter. N'ai-je pas juré de vivre et de mourir avec toi! Mais tu souffres tant, pauvre ami, que je te pardonne.

Et il se recoucha résolument près de son ami, vers lequel il pencha sa tête et dont il effleura le front avec ses lèvres.

Puis il attira doucement, doucement, comme une mère ferait pour son enfant, la tête de son ami, qui glissa contre la muraille et vint se reposer sur sa poitrine.

Marguerite était sombre. Elle avait ramassé le poignard que venait de laisser tomber Coconnas.

— O ma reine, dit en étendant les bras vers elle. La Mole, qui comprenait sa pensée, ô ma reine! n'oubliez pas que je meurs pour éteindre jusqu'au moindre soupçon de notre amour !

— Mais que puis-je donc faire pour toi, s'écria Marguerite désespérée, si je ne puis pas même mourir avec toi?

— Tu peux faire, dit La Mole, tu peux faire que la mort me sera douce, et viendra en quelque sorte à moi avec un visage souriant.

Marguerite se rapprocha de lui en joignant les mains comme pour lui dire de parler.

— Te rappelles-tu ce soir, Marguerite, où en échange de ma vie que je t'offrais alors, et que je te donne aujourd'hui, tu me fis une promesse sacrée ?...

Marguerite tressaillit.

— Ah! tu te la rappelles, dit La Mole, car tu frissonnes.

— Oui, oui, je me la rappelle, dit Marguerite, et sur mon âme, Hyacinthe, cette promesse, je la tiendrai.

Marguerite étendit de sa place la main vers l'autel, comme pour prendre une seconde fois Dieu à témoin de son serment.

Le visage de La Mole s'éclaira comme si la voûte de la chapelle se fût ouverte, et qu'un rayon céleste eût descendu jusqu'à lui.

— On vient, on vient, dit le geôlier.

Marguerite poussa un cri, et se précipita vers la Mole; mais la crainte de redoubler ses douleurs l'arrêta tremblante devant lui.

Henriette posa ses lèvres sur le front de Coconnas et lui dit:

— Je te comprends, mon Annibal, et je suis fière de toi. Je sais bien que ton héroïsme te fait mourir, mais je t'aime pour ton héroïsme. Devant Dieu je t'aimerai toujours avant et plus que toutes choses, et ce que Marguerite a juré de faire pour La Mole, sans savoir quelle chose cela est, je te jure que pour toi aussi je le ferai.

Et elle tendit sa main à Marguerite.

— C'est bien parler cela, merci, dit Coconnas.

— Avant de me quitter, ma reine, dit La Mole, une dernière grâce : donnez-moi un souvenir quelconque de vous, que je puisse baiser en montant à l'échafaud.

— Oh oui ! s'écria Marguerite, tiens !....

Et elle détacha de son cou un petit reliquaire d'or soutenu par une chaîne du même métal.

— Tiens, dit-elle, voici une relique sainte que je porte depuis mon enfance; ma mère me la passa au cou quand j'étais toute petite et qu'elle m'aimait encore; elle vient de notre oncle le pape Clément; je ne l'ai jamais quittée. Tiens, prends-là.

La Mole la prit et la baisa avidement.

— On ouvre la porte, dit le geôlier, fuyez, Mesdames! fuyez!

Les deux femmes s'élancèrent derrière l'autel, où elles disparurent.

Au même moment le prêtre entrait.

VIII

La place Saint-Jean-en-Grève.

Il est sept heures du matin; la foule attendait bruyante sur les places, dans les rues et sur les quais.

A dix heures du matin, un tombereau, le même dans lequel les deux amis, après leur duel, avaient été ramenés évanouis au Louvre, était parti de Vincennes, traversait lentement la rue Saint-Antoine ; et sur son passage les spectateurs si pressés, qu'ils s'écrasaient les uns les autres, semblaient des statues aux yeux fixes et à la bouche glacée.

C'est qu'en effet il y avait ce jour-là un spectacle déchirant, offert par la reine-mère à tout le peuple de Paris.

Dans ce tombereau, dont nous avons parlé, et qui s'acheminait à travers les rues, couchés sur quelques brins de paille deux jeunes gens la tête nue, et complètement vêtus de noir, s'appuyaient l'un contre l'autre. Coconnas portait sur ses genoux La Mole, dont la tête dépassait les traverses du tombereau et dont les yeux vagues erraient çà et là.

Et cependant la foule, pour plonger son regard avide jusqu'au fond de la voiture, se pressait, se levait, se haussait, montant sur les bornes, s'accrochant aux anfractuosités des murailles, et paraissait satisfaite lorsqu'elle était parvenue à ne pas laisser vierge de son regard un seul point des deux corps qui sortaient de la souffrance pour aller à la destruction.

Il avait été dit que La Mole mourait sans avoir avoué un seul des faits qui lui étaient imputés, tandis qu'au contraire, assurait-on, Coconnas n'avait pu supporter la douleur et avait tout révélé.

Aussi criait-on de tous côtés :

— Voyez, voyez le rouge ! c'est lui qui a parlé, c'est lui qui a tout dit ; c'est un lâche qui est cause de la mort de l'autre. L'autre, au contraire, est un brave et n'a rien avoué.

Les deux jeunes gens entendaient bien, l'un les louanges, l'autre les injures, qui accompagnaient leur marche funèbre ; et tandis que La Mole serrait les mains de son ami, un sublime dédain éclatait sur la figure du Piémontais, qui, du haut du tombereau immonde, regardait la foule stupide comme il l'eût regardée du haut d'un char triomphal.

L'infortune avait fait son œuvre céleste, elle avait ennobli la figure de Coconnas, comme la mort allait diviniser son âme.

— Sommes-nous bientôt arrivés ? demanda La Mole, je n'en puis plus, ami, et je crois que je vais m'évanouir.

— Attends, attends, La Mole, nous allons passer devant la rue Tizon et devant la rue Cloche-Percée ; regarde, regarde un peu.

— Oh! soulève-moi, soulève-moi, que je voie encore une fois cette bienheureuse maison.

Coconnas étendit la main et toucha l'épaule du bourreau, il était assis sur le devant du tombereau et conduisait le cheval.

— Maître, lui dit-il, rends-nous ce service de t'arrêter un instant en face de la rue Tizon.

Caboche fit de la tête un mouvement d'adhésion, et, arrivé en face de la rue Tizon, il s'arrêta.

La Mole se souleva avec effort, aidé par Coconnas ; regarda, l'œil voilé par une larme, cette petite maison silencieuse, muette et close comme un tombeau ; un soupir gonfla sa poitrine ; et à voix basse :

— Adieu, murmura-t-il ; adieu, la jeunesse, l'amour, la vie !

Et il laissa retomber sa tête sur sa poitrine.

— Courage ! dit Coconnas, nous retrouverons peut-être tout cela là-haut.

— Crois-tu ? murmura La Mole.

— Je le crois parce que le prêtre me l'a dit, et surtout parce que je l'espère. Mais ne t'évanouis pas, mon ami ! ces misérables qui nous regardent riraient de nous.

Caboche entendit ces derniers mots ; et fouettant son cheval d'une main, il tendit de l'autre à Coconnas, et sans que personne le pût voir, une petite éponge imprégnée d'un révulsif si violent que La Mole, après l'avoir respiré et s'en être frotté les tempes, s'en trouva rafraîchi et ranimé.

— Ah! dit La Mole, je renais.

Et il baisa le reliquaire suspendu à son cou par la chaîne d'or.

En arrivant à l'angle du quai et en tournant le charmant petit édifice bâti par Henri II, on aperçut l'échafaud se dressant comme une plate-forme nue et sanglante : cette plate-forme dominait toutes les têtes.

— Ami, dit La Mole, je voudrais bien mourir le premier.

Coconnas toucha une seconde fois de sa main l'épaule du bourreau.

— Qu'y a-t-il mon gentilhomme? demanda celui-ci en se retournant.

— Brave homme, dit Coconnas, tu tiens à me faire plaisir, n'est-ce pas? tu me l'as dit, du moins.

— Oui, et je vous le répète.

— Voilà mon ami qui a plus souffert que moi, et qui, par conséquent, a moins de force...

— Eh bien?

— Eh bien, il me dit qu'il souffrirait trop de me voir mourir le premier. D'ailleurs, si je mourais le premier, il n'aurait personne pour le porter sur l'échafaud.

— C'est bien, c'est bien, dit Caboche en essuyant une larme avec le dos de sa main, soyez tranquille, on fera ce que vous désirez.

— Et d'un seul coup, n'est-ce pas? dit à voix basse le Piémontais.

— D'un seul.

— C'est bien... si vous avez à vous reprendre, reprenez-vous sur moi.

Le tombereau s'arrêta, on était arrivé. Coconnas mit son chapeau sur sa tête.

Une rumeur semblable à celle des flots de la mer bruit aux oreilles de La Mole. Il voulut se lever, mais les forces lui manquèrent; et il fallut que Caboche et Coconnas le soutinssent sous les bras.

La place était pavée de têtes, les marches de l'Hôtel-de-Ville semblaient un amphithéâtre peuplé de spectateurs. Chaque fenêtre donnait passage à des visages animés dont les regards semblaient flamboyer.

Quand on vit le beau jeune homme qui ne pouvait plus se soutenir sur ses jambes brisées faire un effort suprême pour aller de lui-même à l'échafaud, une clameur immense s'éleva comme un cri de désolation universelle. Les hommes rugissaient, les femmes poussaient des gémissements plaintifs.

— C'était un des premiers raffinés de la cour, disaient les hommes, et ce n'était pas à Saint-Jean-en-Grève qu'il devait mourir, c'était au Pré-aux-Clercs.

— Qu'il est beau! qu'il est pâle! disaient les femmes : c'est celui qui n'a point parlé.

— Ami, dit La Mole, je ne puis me soutenir! Porte-moi!

— Attends, dit Coconnas.

Il fit un signe au bourreau qui s'écarta;

puis, se baissant, il prit La Mole dans ses bras comme il eût fait d'un enfant, et monta sans chanceler, chargé de son fardeau, l'escalier de la plate-forme, où il déposa La Mole, au milieu des cris frénétiques et des applaudissements de la foule.

Coconnas leva son chapeau de dessus sa tête et salua.

Puis il jeta son chapeau près de lui sur l'échafaud.

— Regarde autour de nous, dit La Mole, ne les aperçois-tu pas quelque part?

Coconnas jeta lentement un regard circulaire tout autour de la place, et, arrivé sur un point, il s'arrêta, étendant, sans détourner les yeux, sa main, qui toucha l'épaule de son ami.

— Regarde, dit-il, regarde la fenêtre de cette petite tourelle.

Et de son autre main il montrait à La Mole le petit monument qui existe encore aujourd'hui entre la rue de la Vannerie et la rue du Mouton, un débris des siècles passés.

— Deux femmes vêtues de noir se tenaient appuyées l'une à l'autre, non pas à la fenêtre, mais un peu en arrière.

— Ah! fit La Mole, je ne craignais qu'une chose, c'était de mourir sans la revoir. Je l'ai revue, je puis mourir.

Et les yeux avidement fixés sur la petite fenêtre, il porta le reliquaire à sa bouche et le couvrit de baisers.

Coconnas saluait les deux femmes avec

toutes les grâces qu'il se fût données dans un salon.

En réponse à ce signe elles agitèrent leurs mouchoirs tout trempés de larmes.

— Caboche, à son tour, toucha du doigt l'épaule de Coconnas, et lui fit des yeux un signe significatif.

— Oui, oui, dit le Piémontais.

Alors se retournant vers La Mole :

— Embrasse-moi, lui dit-il, et meurs bien. Cela ne sera point difficile, ami, tu es si brave.

— Ah! dit La Mole, il n'y aura pas de mérite à moi de mourir bien, je souffre tant!

Le prêtre s'approcha et tendit un crucifix à La Mole, qui lui montra en souriant le reliquaire qu'il tenait à la main.

— N'importe, dit le prêtre, demandez toujours la force à celui qui a souffert ce que vous allez souffrir.

La Mole baisa les pieds du Christ.

— Recommandez-moi, dit-il, aux prières des Dames de la benoîte Sainte-Vierge.

— Hâte-toi, hâte-toi, La Mole, dit Coconnas, tu me fais tant de mal que je sens que je faiblis.

— Je suis prêt, dit La Mole.

— Pourrez-vous tenir votre tête bien droite? dit Caboche apprêtant son épée derrière La Mole agenouillé.

— Je l'espère, dit celui-ci.

— Alors tout ira bien.

— Mais vous, dit La Mole, vous n'oublierez pas ce que je vous ai demandé ; ce reliquaire vous ouvrira les portes.

— Soyez tranquille. Mais essayez un peu à tenir la tête droite.

La Mole redressa le cou, et tournant les yeux vers la petite tourelle :

— Adieu, Marguerite. dit-il, sois bé...

Il n'acheva pas. D'un revers de son glaive rapide et flamboyant comme un éclair, Caboche fit tomber d'un seul coup la tête, qui alla rouler aux pieds de Coconnas.

Le corps s'étendit doucement comme s'il se couchait.

Un cri immense retentit formé de mille cris, et dans toutes ces voix de femmes il sembla à Coconnas qu'il avait entendu un accent plus douloureux que tous les autres.

— Merci, mon digne ami, merci, dit Coconnas, qui tendit une troisième fois la main au bourreau.

— Mon fils, dit le prêtre à Coconnas, n'avez-vous rien à confier à Dieu?

— Ma foi, non, mon père, dit le Piémontais : tout ce que j'aurais à lui dire, je vous l'ai dit à vous-même hier.

Puis se retournant vers Caboche :

— Allons, bourreau, mon dernier ami, dit-il, encore un service. Et avant de s'agenouiller il promena sur la foule un regard si calme et si serein qu'un murmure d'admiration vint caresser son oreile et faire sourire son orgueil. Alors, pressant la tête de son ami et déposant un baiser sur ses lèvres violettes, il jeta un dernier regard sur la tourelle; et s'agenouillant, tout en conservant cette tête bien-aimée entre ses mains :

— A moi, dit-il.

Il n'avait pas achevé ces mots que Caboche avait fait voler sa tête.

Ce coup fait, un tremblement convulsif s'empara du digne homme.

— Il était temps que cela finît, murmura-t-il, pauvre enfant !

Et il tira avec peine des mains crispées de La Mole le reliquaire d'or ; il jeta son manteau sur les tristes dépouilles que le tombereau devait ramener chez lui.

Le spectacle étant fini, la foule s'écoula.

IX

La tour du Pilori.

La nuit venait de descendre sur la ville frémissante encore du bruit de ce supplice, dont les détails couraient de bouche en bouche assombrir dans chaque maison l'heure joyeuse du souper de famille.

Cependant tout au contraire de la ville, qui était silencieuse et lugubre, le Louvre était bruyant, joyeux et illuminé. C'est qu'il y avait grande fête au palais. Une fête commandée par Charles IX ; une fête qu'il avait indiquée pour le soir, en même temps qu'il indiquait le supplice pour le matin.

La reine de Navarre avait reçu, dès la veille au soir, l'ordre de s'y trouver, et, dans l'espérance que La Mole et Coconnas seraient sauvés dans la nuit, dans la conviction que toutes les mesures étaient bien prises pour leur salut, elle avait répondu à son frère qu'elle ferait selon ses désirs.

Mais depuis qu'elle avait perdu tout espoir, par la scène de la chapelle ; depuis qu'elle avait — dans un dernier mouvement de piété pour cet amour, le plus grand et le plus profond qu'elle avait éprouvé de sa vie — assisté à l'exécution, elle s'était bien promis que ni prières, ni menaces ne la feraient assister à une fête joyeuse au Louvre le même jour où elle avait vu une fête si lugubre en Grève.

Le roi Charles IX avait donné ce jour-là une nouvelle preuve de cette puissance de volonté que personne peut-être ne poussa au même degré que lui : alité depuis quinze jours, frêle comme un moribond, livide comme un cadavre, il se leva vers cinq heures et revêtit ses plus beaux habits. Il est vrai que pendant la toilette il s'évanouit trois fois.

Vers huit heures, il s'informa de ce qu'était devenue sa sœur, et demanda si on l'avait vue et si l'on savait ce qu'elle faisait. Personne ne lui répondit; car la reine était rentrée chez elle vers les onze heures, et s'y était renfermée en défendant absolument sa porte.

Mais il n'y avait pas de porte fermée pour Charles. Appuyé sur le bras de M. de Nancey, il s'achemina vers l'appartement de la reine de Navarre, et entra tout à coup par la porte du corridor secret.

Quoiqu'il s'attendît à un triste spectacle, et qu'il y eût d'avance préparé son cœur, celui qu'il vit était plus déplorable encore que celui qu'il avait rêvé.

Marguerite, à demi morte, couchée sur une chaise longue, la tête ensevelie dans des coussins, ne pleurait pas, ne priait pas; mais, depuis son retour, elle râlait comme une agonisante.

A l'autre coin de la chambre, Henriette de Nevers, cette femme intrépide, gisait, sans connaissance, étendue sur le tapis. En revenant de la Grève, comme à Marguerite, le forces lui avaient manqué, et la pauvre Gillonne allait de l'une à l'autre, n'osant pas essayer de leur adresser une parole de consolation.

Dans les crises qui suivent ces grandes catastrophes on est avare de sa douleur comme d'un trésor, et l'on tient pour ennemi quiconque tente de nous en distraire la moindre partie.

Charles IX poussa donc la porte, et, laissant Nancey dans le corridor, il entra pâle et tremblant.

Ni l'une ni l'autre des deux femmes ne l'avait vu. Gillonne seule, qui dans ce moment portait secours à Henriette, se releva sur un genou et tout effrayée regarda le roi.

Le roi fit un geste de la main, elle se releva, fit la révérence, et sortit.

Alors Charles se dirigea vers Marguerite, la regarda un instant en silence ; puis avec une intonation dont on eût cru cette voix rude incapable :

— Margot ! dit-il, ma sœur !

La jeune femme tressaillit et se redressa.

— Votre Majesté ! dit-elle.

— Allons, ma sœur, du courage !

Marguerite leva les yeux au ciel.

— Oui, dit Charles, je sais bien, mais écoute-moi.

La reine de Navarre fit signe qu'elle écoutait.

— Tu m'as promis de venir au bal, dit Charles.

— Moi ! s'écria Marguerite.

— Oui; et d'après ta promesse on t'attend, de sorte que si tu ne venais pas on serait étonné de ne pas t'y voir.

— Excusez-moi, mon frère, dit Marguerite; vous le voyez, je suis bien souffrante.

— Faites un effort sur vous-même.

Marguerite parut un instant tenter de rappeler son courage; puis tout à coup s'abandonnant et laissant retomber sa tête sur ses coussins :

— Non, non, je n'irai pas, dit-elle.

Charles lui prit la main, s'assit sur sa chaise longue, et lui dit :

— Tu viens de perdre un ami, je le sais, Margot; mais regarde-moi, n'ai-je pas perdu tous mes amis, moi! et de plus, ma mère! Toi, tu as toujours pu pleurer à l'aise comme tu pleures en ce moment ; moi, à l'heure de mes plus fortes douleurs, j'ai toujours été forcé de sourire. Tu souffres, regarde-moi ! moi, je meurs. Eh bien, Margot, voyons, du courage ! Je te le demande, ma sœur, au nom de notre gloire ! Nous portons comme une croix d'angoisses la renommée de notre maison, portons-là comme le Seigneur jusqu'au Calvaire ; et si sur la route, comme lui, nous trébuchons, relevons-nous courageux et résignés comme lui.

— Oh ! mon Dieu, mon Dieu ! s'écria Marguerite.

— Oui, dit Charles répondant à sa pensée; oui, le sacrifice est rude, ma sœur; mais chacun fait le sien ; les uns de leur honneur, les autres de leur vie. Crois-tu qu'avec mes vingt-cinq ans et le plus beau trône du monde, je ne regrette pas de mourir ! Eh bien, regarde-moi... mes yeux, mon teint, mes lèvres sont d'un mourant, c'est vrai; mais mon sourire... est-ce que mon sourire ne ferait pas croire que j'espère? Et, cependant, dans huit jours, quinze jours, un mois tout au plus, tu me pleureras, ma sœur, comme celui qui est mort aujourd'hui.

— Mon frère !... s'écria Margot en jetant ses deux bras autour du cou de Charles.

— Allons, habillez-vous, chère Marguerite, dit le roi; cachez votre pâleur et paraissez au bal. Je viens de donner ordre qu'on vous apporte des pierreries nouvelles et des ajustements dignes de votre beauté.

— Oh! des diamants, des robes, dit Marguerite, que m'importe tout cela maintenant!

— La vie est longue, Marguerite, dit en souriant Charles, pour toi du moins.

— Jamais ! jamais !...

— Ma sœur, souviens-toi d'une chose : quelquefois c'est en étouffant, ou plutôt en dissimulant la souffrance que l'on honore le mieux les morts.

— Eh bien ! Sire, dit Marguerite frissonnante, j'irai.

Une larme, qui fut bue aussitôt par sa paupière aride, mouilla l'œil de Charles.

Il s'inclina vers sa sœur, la baisa au front, s'arrêta un instant devant Henriette, qui ne l'avait ni vu ni entendu, et dit :

— Pauvre femme !

Puis il sortit silencieusement.

Derrière le roi, plusieurs pages entrèrent, apportant des coffres et des écrins.

Marguerite fit signe de la main que l'on déposât tout cela à terre.

Les pages sortirent. Gillonne resta seule.

— Prépare-moi tout ce qu'il me faut pour m'habiller, Gillonne, dit Marguerite.

La jeune fille regarda sa maîtresse d'un œil étonné.

— Oui, dit Marguerite avec un accent dont il serait impossible de rendre l'amertume. Oui, je m'habille, je vais au bal... on m'attend là-bas. Dépêche-toi donc! la journée aura été complète : fête à la Grève ce matin, fête au Louvre ce soir.

— Et madame la duchesse? dit Gillonne.

— Oh! elle, elle est bien heureuse; elle peut rester ici ; elle peut pleurer, elle peut souffrir tout à son aise. Elle n'est pas fille de roi, femme de roi, sœur de roi. Elle n'est pas reine. Aide-moi à m'habiller, Gillonne.

La jeune fille obéit. Les parures étaient magnifiques, la robe splendide. Jamais Marguerite n'avait été si belle.

Elle se regarda dans une glace.

— Mon frère a bien raison, dit-elle, et c'est une bien misérable chose que la créature humaine.

En ce moment Gillonne revint.

— Madame, dit-elle, un homme est là qui vous demande.

— Moi?

— Oui, vous.

— Quel est cet homme?

— Je ne sais, mais son aspect est terrible et sa seule vue m'a fait frissonner.

— Va lui demander son nom, dit Marguerite en pâlissant.

Gillonnne sortit, et quelques secondes après elle rentra.

— Il n'a pas voulu me dire son nom, Madame, mais il m'a priée de vous remettre ceci.

Gillonne tendit à Marguerite le reliquaire qu'elle avait donné la veille au soir à La Mole.

— Oh! fais entrer, fais entrer, dit vivement la reine, et elle devint plus pâle et plus glacée encore qu'elle n'était.

Un pas lourd ébranla le parquet. L'écho, indigné sans doute de répeter un pareil bruit, gronda sous le lambris, et un homme parut sur le seuil.

— Vous êtes?... dit la reine.

— Celui que vous rencontrâtes un jour près de Montfaucon, Madame, et qui ramena au Louvre, dans son tombereau, deux gentilshommes blessés.

— Oui, oui, je vous reconnais, vous êtes maître Caboche.

— Bourreau de la prévôté de Paris, Madame.

C'étaient les seuls mots qu'Henriette avait entendus de tous ceux que depuis une heure on prononçait autour d'elle. Elle dégagea sa tête pâle de ses deux mains et regarda le bourreau avec ses yeux d'émeraude, d'où semblait sortir un double jet de flammes.

— Et vous venez?... dit Marguerite tremblante.

— Vous rappeler la promesse faite au plus jeune des deux gentilshommes, à celui qui m'a chargé de vous rendre ce reliquaire. Vous la rappelez-vous, Madame?

— Ah! oui, oui, s'écria la reine, et jamais ombre plus généreuse n'aura plus noble satisfaction ; mais où est-*elle?*

— Elle est chez moi avec le corps.

— Chez vous? pourquoi ne l'avez-vous pas apportée?

— Je pouvais être arrêté au guichet du Louvre, on pouvait me forcer de lever mon manteau ; qu'aurait-on dit, si, sous ce manteau, on avait vu une tête?

— C'est bien, gardez-la chez vous ; j'irai la chercher demain.

— Demain, Madame, demain, dit maître Caboche, il sera peut-être trop tard.

— Pourquoi cela ?

— Parce que la reine-mère m'a fait retenir pour ses expériences cabalistiques les têtes des deux premiers condamnés que je décapiterais.

— Oh ! profanation ! les têtes de nos bien-aimés ! Henriette, s'écria Marguerite en courant à son amie, qu'elle retrouva debout comme si un ressort venait de la remettre sur ses pieds ; Henriette, mon ange, entends-tu ce qu'il dit, cet homme ?

— Oui. Eh bien, que faut-il faire ?

— Il faut aller avec lui. Puis poussant ce

cri de douleur avec lequel les grandes infortunes se reprennent à la vie :

— Ah! j'étais cependant si bien! dit-elle : j'étais presque morte.

Pendant ce temps Marguerite jetait sur ses épaules nues un manteau de velours.

—Viens, viens, dit-elle, nous allons les revoir encore une fois.

Marguerite fit fermer toutes les portes, ordonna que l'on amenât la litière à la petite porte dérobée, puis, prenant Henriette sous le bras, descendit par le passage secret, faisant signe à Caboche de les suivre.

A la porte d'en bas était la litière, au guichet était le valet de Caboche avec une lanterne.

Les porteurs de Marguerite étaient des

hommes de confiance, muets et sourds, plus sûrs que ne l'eussent été des bêtes de somme.

La litière marcha pendant dix minutes à peu près, précédée de maître Caboche et de son valet portant la lanterne; puis elle s'arrêta.

Le bourreau ouvrit la portière, tandis que le valet courait devant.

Marguerite descendit, aida la duchesse de Nevers à descendre. Dans cette grande douleur qui les étreignait toutes deux, c'était cette organisation nerveuse qui se trouvait être la plus forte

La tour du Pilori se dressait devant les deux femmes comme un géant sombre et informe, envoyant une lumière rougeâtre par deux sarbacanes qui flamboyaient à son sommet.

Le valet reparut sur la porte.

— Vous pouvez entrer, Mesdames, dit Caboche, tout le monde est couché dans la tour.

Au même moment la lumière des deux meurtrières s'éteignit.

Les deux femmes, serrées l'une contre l'autre, passèrent sous la petite porte en ogive et foulèrent dans l'ombre une dalle humide et raboteuse. Elles aperçurent une lumière au fond d'un corridor tournant, et, guidées par le maître hideux du logis, elles se dirigèrent de ce côté. La porte se referma derrière elles.

Coboche, un flambeau de cire à la main, les introduisit dans une salle basse et enfumée. Au milieu de cette salle était une table dressée avec les restes d'un souper et trois couverts. Ces trois couverts étaient sans doute pour le bourreau, sa femme et son aide principal.

Dans l'endroit le plus apparent était cloué à la muraille un parchemin scellé du sceau du roi. C'était le brevet patibulaire.

Dans un coin était une grande épée, à poignée longue. C'était l'épée flamboyante de la justice.

Çà et là on voyait encore quelques images grossières, représentant des saints martyrisés par tous les supplices.

— Arrivé là, Caboche s'inclina profondément.

— Votre Majesté m'excusera, dit-il, si j'ai osé pénétrer dans le Louvre et vous amener ici. Mais c'était la volonté expresse et suprême du gentilhomme, de sorte que j'ai dû...

— Vous avez bien fait, maître, vous avez bien fait, dit Marguerite, et voici pour récompenser votre zèle.

Caboche regarda tristement la bourse gonflée d'or que Marguerite venait de déposer sur la table.

— De l'or! toujours de l'or! murmura-t-il. Hélas! Madame, que ne puis-je racheter moi-même à prix d'or le sang que j'ai été obligé de répandre aujourd'hui!

— Maître, dit Marguerite avec une hésitation douloureuse et en regardant autour d'elle, maître, maître, nous faudrait-il encore aller ailleurs; je ne vois pas!...

— Non, Madame, non, ils sont ici; mais

c'est un triste spectacle et que je pourrais vous épargner en vous apportant caché dans un manteau ce que vous venez chercher.

Marguerite et Henriette se regardèrent simultanément.

— Non, dit Marguerite, qui avait lu dans le regard de son amie la même résolution qu'elle venait de prendre, non, montrez-nous le chemin et nous vous suivrons.

Caboche prit le flambeau, ouvrit une porte de chêne qui donnait sur un escalier de quelques marches et qui s'enfonçait en plongeant sous la terre. Au même instant un courant d'air passa, faisant voler quelques étincelles de la torche et jetant au visage des princesses l'odeur nauséabonde de la moisissure et du sang.

Henriette s'appuya, blanche comme une

statue d'albâtre, sur le bras de son amie à la marche plus assurée ; mais au premier degré elle chancela.

— Oh ! je ne pourrai jamais, dit-elle.

— Quand on aime bien, Henriette, répliqua la reine, on doit aimer jusque dans la mort.

C'était un spectacle horrible et touchant à la fois que celui que présentaient ces deux femmes resplendissantes de jeunesse, de beauté, de parure, se courbant sous la voûte ignoble et crayeuse, la plus faible s'appuyant à la plus forte, et la plus forte s'appuyant au bras du bourreau.

On arriva à la dernière marche.

Au fond du caveau gisaient deux formes humaines recouvertes par un large drap de serge noire.

Caboche leva un coin de ce voile, approcha son flambeau et dit :

— Regardez, Madame la reine.

Dans leurs habits noirs, les deux jeunes gens étaient couchés côte à côte avec l'effrayante symétrie de la mort. Leurs têtes, inclinées et rapprochées du tronc, semblaient séparées seulement au milieu du cou par un cercle de rouge-vif. La mort n'avait pas désuni leurs mains, car, soit hasard, soit pieuse attention du bourreau, la main droite de La Mole reposait dans la main gauche de Coconnas.

Il y avait un regard d'amour sous les paupières de La Mole, il y avait un sourire de dédain sous celles de Coconnas.

Marguerite s'agenouilla près de son amant, et de ses mains éblouissantes de pierreries leva doucement cette tête qu'elle avait tant aimée.

Quant à la duchesse de Nevers, appuyée à la muraille, elle ne pouvait détacher son regard de ce pâle visage sur lequel tant de fois elle avait cherché la joie et l'amour.

— La Mole! cher La Mole! murmura Marguerite.

— Annibal! Annibal! s'écria la duchesse de Nevers, si beau, si fier, si brave, tu ne réponds plus!...

Et un torrent de larmes s'échappa de ses yeux.

Cette femme si dédaigneuse, si intrépide, si insolente dans le bonheur; cette femme qui poussait le scepticisme jusqu'au doute suprême, la passion jusqu'à la cruauté, cette femme n'avait jamais pensé à la mort.

Marguerite lui en donna l'exemple.

Elle enferma dans un sac brodé de perles et parfumé des plus fines essences la tête de La Mole, plus belle encore puisqu'elle se rapprochait du velours et de l'or, et à laquelle une préparation particulière, employée à cette époque dans les embaumements royaux, devait conserver sa beauté.

Henriette s'approcha à son tour, enveloppant la tête de Coconnas dans un pan de son manteau.

Et toutes deux, courbées sous leur douleur plus que sous leur fardeau, montèrent l'escalier avec un dernier regard pour les restes qu'elles laissaient à la merci du bourreau, dans ce sombre réduit des criminels vulgaires.

— Ne craignez rien, madame dit Caboche,

qui comprit ce regard, les gentilshommes seront ensevelis, enterrés saintement, je vous le jure.

— Et tu leur feras dire des messes avec ceci, dit Henriette arrachant de son cou un magnifique collier de rubis et le présentant au bourreau.

On revint au Louvre comme on en était sorti. Au guichet, la reine se fit reconnaître; au bas de son escalier particulier elle descendit, rentra chez elle, déposa sa triste relique dans le cabinet de la chambre à coucher destinée dès ce moment à devenir un oratoire, laissa Henriette en garde de sa chambre, et plus pâle et plus belle que jamais entra vers dix heures dans la grande salle de bal, la même où nous avons vu, il y a tantôt deux ans et demi, s'ouvrir le premier chapitre de notre histoire.

Tous les yeux se tournèrent vers elle, et elle supporta ce regard universel d'un air fier et presque joyeux.

C'est qu'elle avait religieusement accompli le dernier vœu de son ami.

— Charles, en l'apercevant, traversa chancelant le flot doré qui l'entourait.

— Ma sœur, dit-il tout haut, je vous remercie.

Puis, tout bas :

— Prenez garde ! dit-il, vous avez au bras une tache de sang...

— Ah ! qu'importe, Sire, dit Marguerite, pourvu que j'aie le sourire sur les lèvres !

X

La sueur de sang.

Quelques jours après la scène terrible que nous venons de raconter, c'est-à-dire le 30 mai 1574, la cour étant à Vincennes, on entendit tout à coup un grand bruit dans la chambre du roi, lequel, étant retombé plus malade que jamais au milieu du bal qu'il avait voulu donner le jour même de la mort des deux jeunes gens, était, par ordre des médecins, venu chercher à la campagne un air plus pur.

Il était huit heures du matin. Un petit groupe de courtisans causait avec feu dans l'antichambre, quand tout à coup retentit le cri, et parut au seuil de l'appartement la nourrice de Charles, les yeux baignés de larmes et criant d'une voix désespérée :

— Secours au roi! secours au roi!

— Sa Majesté est-elle donc plus mal? demanda le capitaine de Nancey, que le roi avait, comme nous l'avons vu, dégagé de toute obéissance à la reine Catherine pour l'attacher à sa personne.

— Oh! que de sang! que de sang! dit la nourrice. Les médecins! appelez les médecins!

Mazille et Ambroise Paré se relayaient tour à tour auprès de l'auguste malade, et Ambroise Paré, qui était de garde, ayant vu s'endormir le roi, avait profité de cet assoupissement pour s'éloigner quelques instants.

Pendant ce temps, une sueur abondante avait pris le roi ; et comme Charles était atteint d'un relâchement des vaisseaux capillaires, et que ce relâchement amenait une hémorrhagie de la peau, cette sueur sanglante avait épouvanté la nourrice, qui ne pouvait s'habituer à cet étrange phénomène, et qui, protestante, on se le rappelle, lui disait sans cesse que c'était le sang huguenot versé le jour de la Saint-Barthélemy qui appelait son sang.

On s'élança dans toutes les directions ; le docteur ne devait pas être loin, et l'on ne pouvait manquer de le rencontrer. L'antichambre resta donc vide, chacun étant désireux de montrer son zèle en ramenant le médecin demandé.

Alors une porte s'ouvrit et l'on vit apparaître Catherine. Elle traversa rapidement l'antichambre et entra vivement dans l'appartement de son fils.

Charles était renversé sur son lit, l'œil éteint, la poitrine haletante ; de tout son corps découlait une sueur rougeâtre ; sa main, écartée, pendait hors de son lit, et au bout de chacun de ses doigts pendait un rubis liquide.

C'était un horrible spectacle.

Cependant, au bruit des pas de sa mère, et comme s'il les eût reconnus, Charles se redressa.

— Pardon, Madame, dit-il en regardant sa mère, je voudrais bien mourir en paix.

— Mourir, mon fils, dit Catherine, pour une crise passagère de ce vilain mal ! voudriez-vous donc désespérer ainsi?

— Je vous dis, Madame, que je sens mon âme qui s'en va. Je vous dis, Madame, que c'est la mort qui arrive, mort de tous les diables !... Je sens ce que je sens, et je sais ce que je dis.

— Sire, dit la reine, votre imagination est votre plus grave maladie ; depuis le supplice si mérité de ces deux sorciers, de ces deux assassins qu'on appelait La Mole et Coconnas, vos souffrances physiques doivent avoir diminué. Le mal moral persévère seul, et, si je pouvais causer avec vous dix minutes seulement, je vous prouverais...

— Nourrice, dit Charles, veille à la porte, et que personne n'entre : la reine Catherine de Médicis veut causer avec son fils bien-aimé Charles IX.

La nourrice obéit.

— Au fait, continua Charles, cet entretien devait avoir lieu un jour ou l'autre, mieux vaut donc aujourd'hui que demain. Demain, d'ailleurs, il serait peut-être trop tard. Seulement, une troisième personne doit assister à notre entretien.

— Et pourquoi?

— Parce que, je vous le répète, la mort est en route, reprit Charles avec une effrayante solennité; parce que d'un moment à l'autre elle entrera dans cette chambre, comme vous, pâle et muette, et sans se faire annoncer. Il est donc temps, puisque j'ai mis cette nuit ordre à mes affaires, de mettre ordre ce matin à celles du royaume.

— Et quelle est cette personne que vous désirez voir? demanda Catherine.

— Mon frère, Madame. Faites-le appeler.

— Sire, dit la reine, je vois avec plaisir que ces dénonciations, dictées par la haine bien plus qu'arrachées à la douleur, s'effacent de votre esprit et vont bientôt s'effacer de votre cœur. — Nourrice! cria Catherine, nourrice!

La bonne femme, qui veillait au dehors, ouvrit la porte.

— Nourrice, dit Catherine, par ordre de mon fils, quand M. de Nancey viendra, vous lui direz d'aller quérir le duc d'Alençon.

Charles fit un signe qui retint la bonne femme prête à obéir.

— J'ai dit mon frère, Madame, reprit Charles !

Les yeux de Catherine se dilatèrent comme ceux de la tigresse qui va se mettre en colère. Mais Charles leva impérativement la main.

— Je veux parler à mon frère Henri, dit-il. Henri seul est mon frère; non pas celui qui est roi là-bas, mais celui qui est prisonnier ici. Henri saura mes dernières volontés.

— Et moi, s'écria la Florentine avec une audace inaccoutumée en face de la terrible volonté de son fils, tant la haine qu'elle portait au Béarnais la jetait hors de sa dissimulation habituelle, si vous êtes, comme vous le dites, si près de la tombe, croyez-vous que je céderai à personne, surtout à un étranger, mon droit de vous assister à votre heure suprême, mon droit de reine, mon droit de mère?

— Madame, dit Charles, je suis roi encore; je commande encore, Madame : je vous dis que je veux parler à mon frère Henri, et vous n'appelez pas mon capitaine des gardes?... Mille diables! je vous en préviens, j'ai encore assez de force pour l'aller chercher moi-même.

Et il fit un mouvement pour sauter à bas du lit, qui mit au jour son corps pareil à celui du Christ après la flagellation.

— Sire, s'écria Catherine en le retenant, vous nous faites injure à tous : vous oubliez les affronts faits à notre famille, vous répudiez notre sang; un fils de France doit seul s'agenouiller près du lit de mort d'un roi de France. Quant à moi, ma place est marquée ici par les lois de la nature et de l'étiquette; j'y reste donc.

— Et à quel titre, Madame, y restez-vous? demanda Charles IX.

— A titre de mère.

— Vous n'êtes pas plus ma mère, Madame; que le duc d'Alençon n'est mon frère.

— Vous délirez, Monsieur, dit Catherine; depuis quand celle qui donne le jour n'est-elle plus la mère de celui qui l'a reçu?

— Du moment, Madame, où cette mère dénaturée ôte ce qu'elle donna, répondit Charles en essuyant une écume sanglante qui montait à ses lèvres.

— Que voulez-vous dire, Charles? je ne vous comprends pas, murmura Catherine regardant son fils d'un œil dilaté par l'étonnement.

— Vous allez me comprendre, Madame.

Charles fouilla sous son traversin et en tira une petite clé d'argent.

— Prenez cette clé, Madame, et ouvrez mon coffre de voyage, il contient certains papiers qui parleront pour moi.

Et Charles étendit la main vers un coffre magnifiquement sculpté, fermé d'une serrure d'argent comme la clé qui l'ouvrait, et qui tenait la place la plus apparente de la chambre.

Catherine, dominée par la position suprême que Charles prenait sur elle, obéit, s'avança à pas lents vers le coffre, l'ouvrit, plongea ses regards vers l'intérieur, et tout-à-coup recula, comme si elle avait vu dans les flancs du meuble quelque reptile endormi.

— Eh bien, dit Charles, qui ne perdait pas sa mère de vue, qu'y a-t-il donc dans ce coffre qui vous effraie, Madame?

— Rien, dit Catherine.

— En ce cas, plongez-y la main, Madame, et prenez-y un livre; il doit y avoir un livre, n'est-ce pas? ajouta Charles avec ce sourire blémissant, plus terrible chez lui que n'avait jamais été la menace chez un autre.

— Oui, balbutia Catherine.

— Un livre de chasse?

— Oui.

— Prenez-le, et apportez-le-moi.

Catherine, malgré son assurance, pâlit, trembla de tous ses membres, et allongeant la main dans l'intérieur du coffre :

— Fatalité ! murmura-t-elle en prenant le livre.

— Bien ! dit Charles. Écoutez maintenant: Ce livre de chasse... j'étais insensé... j'aimais la chasse, au-dessus de toutes choses... ce livre de chasse, je l'ai trop lu ; comprenez-vous, Madame ?...

Catherine poussa un gémissement sourd.

— C'était une faiblesse, continua Charles; brûlez-le, Madame ! Il ne faut pas qu'on sache les faiblesses des rois !

Catherine s'approcha de la cheminée ardente, laissa tomber le livre au milieu du foyer, et demeura debout, immobile et muette, regardant d'un œil atone les flammes bleuissantes qui rongeaient les feuilles empoisonnées.

A mesure que le livre brûlait, une forte odeur d'ail se répandait dans toute la chambre.

Bientôt il fut entièrement dévoré.

— Et maintenant, Madame, appelez mon frère, dit Charles avec une irrésistible majesté.

Catherine, frappée de stupeur, écrasée sous une émotion multiple que sa profonde sagacité ne pouvait analyser, et que sa force presque surhumaine ne pouvait combattre, fit un pas en avant et voulut parler.

La mère avait un remords ; la reine avait

une terreur ; l'empoisonneuse avait un retour de haine

Ce dernier sentiment domina tous les autres.

— Maudit soit-il, s'écria-t-elle en s'élançant hors de la chambre, il triomphe, il touche au but ; oui, maudit, qu'il soit maudit !

— Vous entendez, mon frère, mon frère Henri, cria Charles poursuivant sa mère de la voix; mon frère Henri à qui je veux parler à l'instant même au sujet de la régence du royaume.

Presqu'au même instant, maître Ambroise Paré entra par la porte opposée à celle qui venait de donner passage à Catherine ; et s'arrêtant sur le seuil pour humer l'atmosphère alliacée de la chambre :

— Qui donc a brûlé de l'arsenic ? dit-il.

— Moi ! répondit Charles.

XI

La plate-forme du donjon de Vincennes.

Cependant, Henri de Navarre se promenait seul et rêveur sur la terrasse du donjon, il savait la cour au château qu'il voyait à cent pas de lui, et à travers les murailles son œil perçant devinait Charles moribond.

Il faisait un temps d'azur et d'or : un large rayon de soleil miroitait dans les plaines éloignées, tandis qu'il baignait d'un or fluide la cime des arbres de la forêt, fiers de la richesse de leur premier feuillage. Les pierres grises du donjon elles-mêmes semblaient s'imprégner de la douce chaleur du ciel, et des ravenelles, apportées par le souffle du vent d'est dans les fentes de la muraille, ouvraient leurs disques de velours rouge et jaune aux baisers d'une brise attiédie.

Mais le regard de Henri ne se fixait ni sur ces plaines verdoyantes, ni sur ces cimes chenues et dorées : son regard franchissait les espaces intermédiaires, et allait au-delà se fixer ardent d'ambition sur cette capitale de la France, destinée à devenir un jour la capitale du monde.

— Paris, murmurait le roi de Navarre, voilà Paris ; c'est-à-dire la joie, le triomphe, la gloire, le pouvoir et le bonheur ; Paris, où est le Louvre, et le Louvre, où est le trône ; et dire qu'une seule chose me sépare de ce Paris tant désiré, ce sont les pierres qui rampent à mes pieds et qui renferment avec moi mon ennemie !

Et en ramenant son regard de Paris à Vincennes, il aperçut à sa gauche, dans un vallon voilé par des amandiers en fleurs, un homme sur la cuirasse duquel se jouait obstinément un rayon de soleil, point enflammé qui voltigeait dans l'espace à chaque mouvement de cet homme.

Cet homme était sur un cheval plein d'ardeur. et tenait en main un cheval qui paraissait non moins impatient.

Le roi de Navarre arrêta ses yeux sur le cavalier et le vit tirer son épée hors du fourreau, passer la pointe dans son mouchoir, et agiter ce mouchoir en façon de signal.

Au même instant, sur la colline en face, un signal pareil se répéta, puis tout autour du château voltigea comme une ceinture de mouchoirs.

C'était de Mouy et ses huguenots, qui, sachant le roi mourant, et qui, craignant qu'on ne tentât quelque chose contre Henri, s'étaient réunis et se tenaient prêts à défendre ou à attaquer.

Henri reporta ses yeux sur le cavalier qu'il avait vu le premier, se courba hors de la balustrade, couvrit ses yeux de sa main, et brisant ainsi les rayons du soleil qui l'éblouissaient, reconnut le jeune huguenot.

— De Mouy ! s'écria-t-il comme si celui-ci eût pu l'entendre.

Et dans sa joie de se voir ainsi environné d'amis, il leva lui-même son chapeau et fit voltiger son écharpe.

Toutes les banderoles blanches s'agitèrent de nouveau avec une vivacité qui témoignait de leur joie.

— Hélas ! ils m'attendent, dit-il, et je ne puis les rejoindre... Que ne l'ai-je fait quand je le pouvais peut-être !... Maintenant j'ai trop tardé.

Et il leur fit un geste de désespoir, auquel de Mouy répondit par un signe qui voulait dire *j'attendrai*.

En ce moment Henri entendit des pas qui retentissaient dans l'escalier de pierre. Il se retira vivement. Les huguenots comprirent la cause de cette retraite. Les épées rentrèrent au fourreau, et les mouchoirs disparurent.

Henri vit déboucher de l'escalier une femme dont la respiration haletante dénonçait une marche rapide, et reconnut, non sans cette secrète terreur qu'il éprouvait toujours en l'apercevant, Catherine de Médicis.

Derrière elle étaient deux gardes qui s'arrêtèrent au haut de l'escalier.

— Oh! oh! murmura Henri, il faut qu'il y ait quelque chose de nouveau et de grave pour que la reine-mère vienne ainsi me chercher sur la plate-forme du donjon de Vincennes.

Catherine s'assit sur un banc de pierre adossé aux créneaux pour reprendre haleine.

Henri s'approcha d'elle, et avec son plus gracieux sourire :

— Serait-ce moi que vous cherchez, ma bonne mère? dit-il.

— Oui, Monsieur, répondit Catherine, j'ai voulu vous donner une dernière preuve de mon attachement. Nous touchons à un moment suprême; le roi se meurt et veut vous entretenir.

— Moi! dit Henri tressaillant de joie.

— Oui, vous On lui a dit, j'en suis certaine, que non-seulement vous regrettez le trône de Navarre, mais encore que vous ambitionnez le trône de France.

— Oh! fit Henri.

— Ce n'est pas, je le sais bien, mais il le

croit, lui, et nul doute que cet entretien qu'il veut avoir avec vous n'ait pour but de vous tendre un piège.

— A moi ?

— Oui. Charles, avant de mourir, veut savoir ce qu'il y a à craindre ou à espérer de vous; et de votre réponse à ses offres, faites-y attention, dépendront les derniers ordres qu'il donnera, c'est-à-dire, votre mort ou votre vie.

— Mais que doit-il donc m'offrir ?

— Que sais-je, moi ! des choses impossibles probablement.

— Enfin, ne devinez-vous pas, ma mère ?

— Non ; mais je suppose, par exemple...

Catherine s'arrêta.

— Quoi ?

— Je suppose que, vous croyant ces vues ambitieuses qu'on lui a dites, il veuille acquérir de votre bouche même la preuve de cette ambition. Supposez qu'il vous tente comme autrefois on tentait les coupables, pour provoquer un aveu sans torture ; supposez, continua Catherine en regardant fixement Henri, qu'il vous propose un gouvernement, la régence même...

Une joie indicible s'épandit dans le cœur oppressé de Henri ; mais il devina le coup, et cette âme vigoureuse et souple rebondit sous l'attaque.

— A moi? dit-il, le piège serait trop grossier ; à moi la régence, quand il y a vous, quand il y a mon frère d'Alençon ?

Catherine se pinça les lèvres pour cacher sa satisfaction.

— Alors, dit-elle vivement, vous renoncerez à la régence ?

— Le roi est mort, pensa Henri, et c'est elle qui me tend un piège.

Puis tout haut :

— Il faut d'abord que j'entende le roi de France, répondit il, car, de votre aveu même, Madame, tout ce que nous avons dit là n'est que supposition.

— Sans doute, dit Catherine ; mais vous pouvez toujours répondre de vos intentions.

— Eh ! mon Dieu ! dit innocemment Henri, n'ayant pas de prétentions, je n'ai pas d'intentions.

—Ce n'est point répondre, cela, dit Catherine sentant que le temps pressait ; et se laissant emporter à sa colère : D'une façon ou de l'autre, prononcez-vous.

—Je ne puis pas me prononcer sur des suppositions, Madame ; une résolution positive est chose si difficile et surtout si grave à prendre, qu'il faut attendre les réalités.

—Écoutez, Monsieur, dit Catherine, il n'y a pas de temps à perdre, et nous le perdons en discussions vaines, en finesses réciproques. Jouons notre jeu en roi et en reine. Si vous acceptez la régence, vous êtes mort.

— Le roi vit, pensa Henri.

Puis tout haut :

—Madame, dit-il avec fermeté, Dieu tient la vie des hommes et des rois entre ses mains :

il m'inspirera. Qu'on dise à Sa Majesté que je suis prêt à me présenter devant elle.

— Réfléchissez, Monsieur.

— Depuis deux ans que je suis proscrit, depuis un mois que je suis prisonnier, répondit Henri gravement, j'ai eu le temps de réfléchir, Madame, et j'ai réfléchi. Ayez donc la bonté de descendre la première près du roi, et de lui dire que je vous suis. Ces deux braves, ajouta Henri en montrant les deux soldats, veilleront à ce que je ne m'échappe point. D'ailleurs, ce n'est point mon intention.

Il y avait un tel accent de fermeté dans les paroles de Henri, que Catherine vit bien que toutes ses tentatives, sous quelques formes qu'elles fussent déguisées, ne gagneraient rien sur lui ; elle descendit précipitamment.

— Aussitôt qu'elle eut disparu, Henri courut au parapet et fit à de Mouy un signe qui voulait dire : Approchez-vous et tenez-vous prêt à tout évènement.

De Mouy, qui était descendu de cheval, sauta en selle, et, avec le second cheval de main, vint au galop prendre position à deux portées de mousquet du donjon.

Henri le remercia du geste et descendit.

Sur le premier palier il trouva les deux soldats qui l'attendaient.

Un double poste de Suisses et de chevau-légers gardait l'entrée des cours, il fallait traverser une double haie de pertuisanes pour entrer au château et pour en sortir.

Catherine s'était arrêtée là et attendait.

Elle fit signe aux deux soldats qui suivaient

Henri de s'écarter, et posant une de ses mains sur son bras :

— Cette cour a deux portes, dit-elle ; à celle-ci, que vous voyez derrière les appartements du roi, si vous refusez la régence, un bon cheval et la liberté vous attendent ; à celle-là, sous laquelle vous venez de passer, si vous écoutez l'ambition... Que dites-vous?

— Je dis que si le roi me fait régent, Madame, c'est moi qui donnerai des ordres aux soldats et non pas vous. Je dis que si je sors du château à la nuit, toutes ces piques, toutes ces hallebardes, tous ces mousquets s'abaisseront devant moi.

— Insensé! murmura Catherine exaspérée, crois-moi, ne joue pas avec Catherine ce terrible jeu de la vie et de la mort.

— Pourquoi pas ? dit Henri en regardant

fixement Catherine ; pourquoi pas avec vous aussi bien qu'avec un autre, puisque j'y ai gagné jusqu'à présent ?

— Montez donc chez le roi, Monsieur, puisque vous ne voulez rien croire et rien entendre, dit Catherine en lui montrant l'escalier d'une main et en jouant avec un des deux couteaux empoisonnés qu'elle portait dans cette gaîne de chagrin noir devenue historique.

— Passez la première, Madame, dit Henri ; tant que je ne serai pas régent, l'honneur du pas vous appartient.

Catherine, devinée dans toutes ses intentions, n'essaya point de lutter, et passa la première.

XII

La régence.

Le roi commençait à s'impatienter. Il avait fait appeler M. de Nancey dans sa chambre, et venait de lui donner l'ordre d'aller chercher Henri, lorsque celui-ci parut.

En voyant son beau-frère apparaître sur le seuil de la porte, Charles poussa un cri de joie, et Henri demeura épouvanté comme s'il se fût trouvé en face d'un cadavre.

Les deux médecins qui étaient à ses côtés s'éloignèrent ; le prêtre qui venait d'exhorter le malheureux prince à une fin chrétienne se retira également.

Charles IX n'était pas aimé, et cependant on pleurait beaucoup dans les antichambres. A la mort des rois, quels qu'ils aient été, il y a toujours des gens qui perdent quelque chose et qui craignent de ne pas retrouver ce quelque chose sous leur successeur.

Ce deuil, ces sanglots, les paroles de Catherine, l'appareil sinistre et majestueux des derniers moments d'un roi ; enfin, la vue de ce roi lui-même, atteint d'une maladie qui s'est reproduite depuis, mais dont la science n'avait pas encore eu d'exemple, produisirent sur l'esprit encore jeune et par conséquent encore impressionnable de Henri un effet si terrible que, malgré sa résolution de ne point donner de nouvelles inquiétudes à Charles sur son état, il ne put, comme nous l'avons dit, réprimer le sentiment de terreur qui se peignit sur son visage en apercevant ce moribond tout ruisselant de sang.

Charles sourit avec tristesse. Rien n'échappe aux mourants des impressions de ceux qui les entourent.

— Venez, Henriot, dit-il, en tendant la main a son beau-frère avec une douceur de voix que Henri n'avait jamais remarquée en lui jusque-là. Venez, car je souffrais de ne pas vous voir ; je vous ai bien tourmenté dans ma vie, mon pauvre ami, et parfois, je me le reproche maintenant, croyez-moi !

parfois j'ai prêté les mains à ceux qui vous tourmentaient ; mais un roi n'est pas maître des évènements, et outre ma mère Catherine, outre mon frère d'Anjou, outre mon frère d'Alençon, j'avais au-dessus de moi, pendant ma vie, quelque chose de gênant, qui cesse du jour où je touche à la mort : la raison d'État.

— Sire, balbutia Henri, je ne me souviens plus de rien que de l'amour que j'ai toujours eu pour mon frère, que du respect que j'ai toujours porté à mon roi.

— Oui, oui, tu as raison, dit Charles, et je te suis reconnaissant de parler ainsi, Henriot ; car en vérité tu as beaucoup souffert sous mon règne, sans compter que c'est pendant mon règne que ta pauvre mère est morte. Mais tu as dû voir que l'on me poussait souvent. Parfois j'ai résisté ; mais parfois aussi j'ai cédé de fatigue. Mais, tu l'as dit, ne parlons plus du passé, maintenant c'est le présent qui me pousse, c'est l'avenir qui m'effraie.

Et en disant ces mots, le pauvre roi cacha son visage livide dans ses mains décharnées.

Puis, après un instant de silence, secouant son front pour en chasser ces sombres idées et faisant pleuvoir autour de lui une rosée de sang :

— Il faut sauver l'État, continua-t-il à voix basse et en s'inclinant vers Henri, il faut l'empêcher de tomber entre les mains des fanatiques ou des femmes.

Charles, comme nous venons de le dire, prononça ces paroles à voix basse, et cependant Henri crut entendre derrière la coulisse du lit comme une sourde exclamation de colère. Peut-être quelque ouverture, pratiquée dans la muraille, à l'insu de Charles lui-même, permettait-elle à Catherine d'entendre cette suprême conversation.

— Des femmes? reprit le roi de Navarre pour provoquer une explication.

— Oui, Henri, dit Charles, ma mère veut la régence en attendant que mon frère de Pologne revienne. Mais écoute ce que je te dis, il ne reviendra pas.

— Comment! il ne reviendra pas? s'écria Henri, dont le cœur bondissait sourdement de joie.

— Non, il ne reviendra pas, continua Charles, ses sujets ne le laisseront pas partir.

— Mais, dit Henri, croyez-vous, mon frère, que la reine-mère ne lui aura pas écrit à l'avance?

— Si fait, mais Nancey a surpris le courrier à Château-Thierry et m'a rapporté la lettre; dans cette lettre j'allais mourir, disait-elle. Mais moi aussi j'ai écrit à Varsovie, ma lettre y arrivera, j'en suis sûr, et mon frère sera surveillé. Donc, selon toute probabilité, Henri, le trône va être vacant.

Un second frémissement plus sensible encore que le premier se fit entendre dans l'alcôve.

— Décidément, se dit Henri, elle est là; elle écoute, elle attend!

Charles n'entendit rien.

— Or, poursuivit-il, je meurs sans héritier mâle.

Puis il s'arrêta : une douce pensée parut éclairer son visage, et posant sa main sur l'épaule du roi de Navarre :

— Hélas! te souviens-tu, Henriot, continua-t-il, te souviens-tu de ce pauvre petit enfant que je t'ai montré un soir dormant dans son berceau de soie, et veillé par un ange? Hélas! Henriot, ils me le tueront!!...

— O Sire, s'écria Henri, dont les yeux se mouillèrent de larmes, je vous jure devant Dieu que mes jours et mes nuits se passeront à veiller sur sa vie. Ordonnez, mon roi.

— Merci! Henriot, merci, dit le roi avec une effusion qui était bien loin de son caractère, mais que cependant lui donnait la situation. J'accepte ta parole. N'en fais pas un roi... heureusement il n'est pas né pour le trône ; mais un homme heureux. Je lui laisse une fortune indépendante; qu'il ait la noblesse de sa mère, celle du cœur. Peut être vaudrait-il mieux pour lui qu'on le destinât à l'église; il inspirerait moins de crainte. Oh! il me semble que je mourrais, sinon heureux, du moins tranquille, si j'avais là pour me consoler les caresses de l'enfant et le doux visage de la mère.

— Sire, ne pouvez-vous les faire venir?

— Eh! malheureux! ils ne sortiraient pas d'ici. Voilà la condition des rois, Henriot: ils ne peuvent ni vivre, ni mourir à leur guise. Mais depuis ta promesse je suis plus tranquille.

Henri réfléchit.

— Oui, sans doute, mon roi, j'ai promis, mais pourrai-je tenir?

— Que veux-tu dire ?

— Moi-même, ne serai-je pas proscrit, menacé comme lui, plus que lui, même ? Car, moi, je suis un homme, et lui n'est qu'un enfant.

— Tu te trompes, répondit Charles ; moi mort, tu seras fort et puissant, et voilà qui te donnera la force et la puissance.

A ces mots, le moribond tira un parchemin de son chevet.

— Tiens, lui dit-il.

Henri parcourut la feuille revêtue du sceau royal.

— La régence à moi, Sire ! dit-il en pâlissant de joie.

— Oui, la régence à toi, en attendant le

retour du duc d'Anjou, et comme, selon toute probabilité, le duc d'Anjou ne reviendra point, ce n'est pas la régence que te donne ce papier, c'est le trône.

— Le trône, à moi ! murmura Henri.

— Oui, dit Charles, à toi, seul digne et surtout seul capable de gouverner ces galants débauchés, ces filles perdues qui vivent de sang et de larmes. Mon frère d'Alencon est un traître, il sera traître envers tous. Laisse-le dans le donjon où je l'ai mis. Ma mère voudra te tuer, exile-là. Mon frère d'Anjou, dans trois mois, dans quatre mois, dans un an peut-être, quittera Varsovie et viendra te disputer la puissance, réponds à Henri par un bref du pape. J'ai négocié cette affaire par mon ambassadeur le duc de Nevers, et tu recevras incessamment le bref.

— O mon roi !

— Ne crains qu'une chose, Henri, la guerre civile. Mais en restant converti, tu l'évites; car le parti huguenot n'a de consistance qu'à la condition que tu te mettras à sa tête, et M. de Condé n'est pas de force à lutter contre toi. La France est un pays de plaine, Henri, par conséquent un pays catholique. Le roi de France doit être le roi des catholiques et non le roi des huguenots ; car le roi de France doit être le roi de la majorité. On dit que j'ai des remords d'avoir fait la Saint-Barthélemy ; — des doutes, oui ; — des remords, — non. On dit que je rends le sang des huguenots par tous les pores. Je sais ce que je rends, de l'arsenic et non du sang.

— Oh ! Sire, que dites-vous ?

— Rien. Si ma mort doit être vengée, Henriot, elle doit être vengée par Dieu seul. N'en parlons plus que pour prévoir les évènements qui en seront la suite. Je te lègue un bon parlement, une armée éprouvée. Appuie-toi sur le parlement et sur l'armée pour résister à tes seuls ennemis : ma mère et le duc d'Alençon.

En ce moment, on entendit dans le vestibule un bruit sourd d'armes et de commandements militaires.

— Je suis mort, murmura Henri.

— Tu crains, tu hésites, dit Charles avec inquiétude.

— Moi! Sire, répliqua Henri; non, je ne crains pas; non, je n'hésite pas; j'accepte.

Charles lui serra la main. Et comme en ce

moment sa nourrice s'approchait de lui, tenant une potion qu'elle venait de préparer dans la chambre voisine, sans faire attention que le sort de la France se décidait à trois pas d'elle :

— Appelle ma mère, bonne nourrice, et dis aussi qu'on fasse venir M. D'Alençon.

VII

Le roi est mort : Vive le roi!

Catherine et le duc d'Alençon, livides d'effroi et tremblants de fureur tout ensemble, entrèrent quelques minutes après. Comme Henri l'avait deviné, Catherine savait tout et avait tout dit, en peu de mots, à François. Ils firent quelques pas et s'arrêtèrent attendant.

Henri était debout au chevet du lit de Charles.

Le roi leur déclara sa volonté.

— Madame, dit-il à sa mère, si j'avais un fils, vous seriez régente, ou, à défaut de vous, ce serait le roi de Pologne, ou, à défaut du roi de Pologne enfin, ce serait mon frère François; mais je n'ai pas de fils, et après moi le trône appartient à mon frère le duc d'Anjou, qui est absent. Comme, un jour ou l'autre, il viendra réclamer ce trône, je ne veux pas qu'il trouve à sa place un homme qui puisse, par des droits presque égaux, lui disputer ses droits, et qui expose par conséquent le royaume à des guerres de prétendants. Voilà pourquoi je ne vous prends pas pour régente, Madame, car vous auriez à choisir entre vos deux fils, ce qui serait pénible pour le cœur d'une mère.

Voilà pourquoi je ne choisis pas mon frère François, car mon frère François pourrait dire à son aîné : « Vous aviez un trône, pourquoi l'avez-vous quitté? » Non, je choisis donc un régent qui puisse prendre en dépôt la couronne et qui la garde sous sa main et non sur sa tête. Ce régent, saluez-le, Madame, saluez-le, mon frère ; ce régent, c'est le roi de Navarre.

Et avec un geste de suprême commandement, il salua Henri de la main.

Catherine et d'Alençon firent un mouvement qui tenait le milieu entre un tressaillement nerveux et un salut.

— Tenez, Monseigneur le régent, dit Charles au roi de Navarre, voici le parchemin qui, jusqu'au retour du roi de Pologne, vous donne le commandement des armées, les clés du trésor, le droit et le pouvoir royal.

Catherine dévorait Henri du regard, François était si chancelant qu'il pouvait à peine se soutenir ; mais cette faiblesse de l'un et cette fermeté de l'autre, au lieu de rassurer Henri, lui montraient le danger présent, debout, menaçant.

Henri n'en fit pas moins un effort violent, et, surmontant toutes ses craintes, il prit le rouleau des mains du roi, et, se redressant de toute sa hauteur, il fixa sur Catherine et François un regard qui voulait dire :

— Prenez garde, je suis votre maître.

Catherine comprit ce regard.

— Non, non, jamais, dit-elle; jamais ma race ne pliera la tête sous une race étrangère; jamais un Bourbon ne règnera en France tant qu'il restera un Valois.

— Ma mère, ma mère, s'écria Charles IX en se redressant dans son lit aux draps rougis, plus effrayant que jamais, prenez garde, je suis roi encore : pas pour longtemps, je le sais bien ; mais il ne faut pas longtemps pour donner un ordre, il ne faut pas longtemps pour punir les meurtriers et les empoisonneurs.

— Eh bien! donnez-le donc, cet ordre, si vous l'osez. Moi, je vais donner les miens. Venez, François, venez.

Et elle sortit rapidement, entraînant avec elle le duc d'Alençon.

— Nancey! cria Charles; Nancey, à moi, à moi! je l'ordonne, je le veux, Nanccy, arrêtez ma mère, arrêtez mon frère, arrêtez...

Une gorgée de sang coupa la parole à Charles au moment où le capitaine des gardes ouvrit la porte, et le roi suffoqué râla sur son lit.

Nancey n'avait entendu que son nom; les ordres qui l'avaient suivi, prononcés d'une voix moins distincte, s'étaient perdus dans l'espace.

— Gardez la porte, dit Henri, et ne laissez entrer personne.

Nancey salua et sortit.

Henri reporta ses yeux sur ce corps inanimé et qu'on eût pu prendre pour un cadavre, si un léger souffle n'eût agité la frange d'écume qui bordait ses lèvres.

Il regarda longtemps; puis se parlant à lui-même :

— Voici l'instant suprême, dit-il, faut-il régner, faut-il vivre ?

Au même instant, la tapisserie de l'alcôve se souleva, une tête pâlie apparut derrière, et une voix vibra au milieu du silence de mort qui régnait dans la chambre royale :

— Vivez, dit cette voix.

— René ! s'écria Henri.

— Oui, Sire.

— Ta prédiction était donc fausse : je ne serai donc pas roi ? s'écria Henri.

— Vous le serez, Sire, mais l'heure n'est pas encore venue.

— Comment le sais-tu ? parle, que je sache si je dois te croire.

— Écoutez.

— J'écoute.

— Baissez-vous.

Henri s'inclina au-dessus du corps de Charles. René se pencha de son côté. La largeur du lit les séparait seule, et encore la distance était-elle diminuée par leur double mouvement.

Entre eux deux était couché et toujours sans voix et sans mouvement le corps du roi moribond.

— Écoutez, dit René : placé ici par la reine-mère pour vous perdre, j'aime mieux vous servir, moi, car j'ai confiance en votre horoscope, en vous servant je trouve à la fois, dans ce que je fais, l'intérêt de mon corps et de mon âme

— Est-ce la reine-mère aussi qui t'a ordonné de me dire cela ? demanda Henri plein de doute et d'angoisses.

— Non, dit René, mais écoutez un secret.

Et il se pencha encore davantage. Henri l'imita, de sorte que les deux têtes se touchaient presque.

Cet entretien de deux hommes courbés sur le corps d'un roi mourant avait quelque chose de si sombre, que les cheveux du superstitieux Florentin se dressaient sur sa tête et qu'une sueur abondante perlait sur le visage de Henri.

— Ecoutez, continua René, écoutez un secret que je sais seul, et que je vous révèle si vous me jurez sur ce mourant de me pardonner la mort de votre mère.

— Je vous l'ai déjà promis une fois, dit Henri, dont le visage s'assombrit.

— Promis, mais non juré, dit René en faisant un mouvement en arrière.

— Je le jure, dit Henri étendant la main droite sur la tête du roi.

— Eh bien, Sire, dit précipitamment le Florentin, le roi de Pologne arrive !

— Non, dit Henri, le courrier a été arrêté par le roi Charles.

— Le roi Charles n'en a arrêté qu'un sur la route de Château-Thierry ; mais la reine-mère, dans sa prévoyance, en avait envoyé trois par trois routes

— Oh ! malheur à moi dit Henri.

— Un messager est arrivé ce matin de Varsovie. Le roi partait derrière lui sans que personne songeât à s'y opposer, car à Varsovie on ignorait encore la maladie du roi. Il ne précède Henri d'Anjou que de quelques heures.

— Oh! si j'avais seulement huit jours, dit Henri.

— Oui, mais vous n'avez pas huit heures. Avez-vous entendu le bruit des armes que l'on préparait?

— Oui.

— Ces armes on les préparait à votre intention. Ils viendront vous tuer jusqu'ici, jusque dans la chambre du roi.

— Le roi n'est pas mort encore.

René regarda fixement Charles:

— Dans dix minutes il le sera. Vous avez donc dix minutes à vivre, peut-être moins.

— Que faire alors?

— Fuir sans perdre une minute, sans perdre une seconde.

— Mais par où ? s'ils attendent dans l'antichambre, ils me tueront quand je sortirai.

— Ecoutez : je risque tout pour vous, ne l'oubliez jamais.

— Sois tranquille.

— Suivez-moi par ce passage secret, je vous conduirai jusqu'à la poterne. Puis, pour vous donner du temps, j'irai dire à la reine-mère que vous descendez ; vous serez censé avoir découvert ce passage secret et en avoir profité pour fuir : venez, venez.

Henri se baissa vers Charles et l'embrassa au front.

— Adieu, mon frère, dit-il, je n'oublierai point que ton dernier désir fut de me voir te succéder. Je n'oublierai pas que ta dernière volonté fut de me faire roi. Meurs en paix. Au nom de nos frères je te pardonne le sang versé.

— Alerte! alerte! dit René, il revient à lui; fuyez avant qu'il ne rouvre les yeux, fuyez.

— Nourrice! murmura Charles, nourrice!

Henri saisit au chevet de Charles l'épée désormais inutile du roi mourant, mit le parchemin qui le faisait régent dans sa poitrine, baisa une dernière fois le front de Charles, tourna autour du lit, et s'élança par l'ouverture qui se referma derrière lui.

— Nourrice! cria le roi d'une voix plus forte, nourrice!

La bonne femme accourut.

— Eh bien! qu'y a-t-il mon Charlot? demanda-t-elle.

— Nourrice, dit le roi la paupière ouverte et l'œil dilaté par la fixité terrible de la mort, il faut qu'il se soit passé quelque chose pendant que je dormais ; je vois une grande lumière, je vois Dieu notre maître ; je vois monseigneur Jésus, je vois la benoîte vierge Marie. Ils le prient, ils le supplient pour moi : le Seigneur tout-puissant me pardonne... il m'appelle... Mon Dieu! mon Dieu! recevez-moi dans votre miséricorde... Mon Dieu! oubliez que j'étais roi, car je viens à vous sans septre et sans couronne... Mon Dieu! oubliez les crimes du roi pour ne vous rappeler que les souffrances de l'homme... Mon Dieu ! me voilà.

Et Charles, qui, à mesure qu'il prononçait ces paroles, s'était soulevé de plus en plus comme pour aller au-devant de la voix qui l'appelait, Charles, après ces derniers mots, poussa un soupir et retomba immobile et glacé entre les bras de sa nourrice.

Pendant ce temps, et tandis que les soldats, commandés par Catherine, se portaient sur le passage connu de tous par lequel Henri devait sortir, Henri, guidé par René, suivait le couloir secret, et gagnait la poterne, sautait sur le cheval qui l'attendait, et piquait vers l'endroit où il savait retrouver de Mouy.

— Tout à coup, au bruit de son cheval, dont le galop faisait retentir le pavé sonore, quelques sentinelles se retournèrent en criant :

— Il fuit ! il fuit !

— Qui cela ? s'écria la reine-mère en s'approchant d'une fenêtre.

— Le roi Henri, le roi de Navarre, crièrent les sentinelles.

— Feu, dit Catherine, feu sur lui !

Les sentinelles ajustèrent, mais Henri était déjà trop loin.

— Il fuit s'écria la reine-mère donc il est vaincu.

— Il fuit, murmura le duc d'Alençon, donc je suis roi.

Mais au même instant, et tandis que François et sa mère étaient encore à la fenêtre, le pont-levis craqua sous les pas des chevaux, et, précédé par un cliquetis d'armes et par une grande rumeur, un jeune homme, lancé au galop, son chapeau à la main, entra dans la cour en criant : *France!* suivi de quatre gentilshommes, couverts comme lui de sueur, de poussière et d'écume.

— Mon fils! s'écria Catherine, en étendant les deux bras par la fenêtre.

— Ma mère, répondit le jeune homme en sautant à bas du cheval.

— Mon frère d'Anjou, s'écria avec épouvante François en se rejetant en arrière.

— Est-il trop tard? demanda Henri d'Anjou à sa mère.

— Non, au contraire, il est temps, et Dieu t'eût conduit par la main qu'il ne t'eût pas amené plus à propos ; regarde et écoute.

En effet, M. de Nancey, capitaine des gardes, s'avançait sur le balcon de la chambre du roi.

Tous les regards se tournèrent vers lui.

Il brisa une baguette en deux morceaux et

les bras étendus tenant les deux morceaux de chaque main :

— Le roi Charles IX est mort ! le roi Charles IX est mort ! le roi Charles IX est mort ! cria-t-il trois fois.

Et il laissa tomber les deux morceaux de la baguette.

— Vive le roi Henri III ! cria alors Catherine en se signant avec une pieuse reconnaissance. Vive le roi Henri III !

Toutes les voix répétèrent ce cri, excepté celle du duc François.

— Ah ! elle m'a joué, dit-il en déchirant sa poitrine avec ses ongles.

— Je l'emporte, s'écria Catherine, et cet odieux Béarnais ne règnera pas !

XIV

Épilogue.

Un an s'était écoulé depuis la mort du roi Charles IX et l'avènement au trône de son successeur.

Le roi Henri III, heureusement régnant par la grâce de Dieu et de sa mère Catherine, était allé à une belle procession faite en l'honneur de Notre-Dame de Cléry.

Il était parti à pied avec la reine sa femme et toute la cour.

Le roi Henri III pouvait bien se donner ce petit passe-temps ; nul souci sérieux ne l'occupait à cette heure. Le roi de Navarre était en Navarre, où il avait si longtemps désiré être, et s'occupait fort, disait-on, d'une belle fille du sang des Montmorency et qu'il appelait la Fosseuse. Marguerite était près de lui, triste et sombre, et ne trouvant que dans ses belles montagnes, non pas une distraction, mais un adoucissement aux deux grandes douleurs de la vie : l'absence et la mort.

Paris était fort tranquille, et la reine-mère, véritablement régente depuis que son cher fils Henri était roi, y faisait séjour tantôt au Louvre, tantôt à l'hôtel de Soissons, qui était situé sur l'emplacement que couvre aujourd'hui la halle au blé, et dont il ne reste que l'élégante colonne qu'on peut voir encore aujourd'hui.

Elle était un soir fort occupée à étudier les astres avec René, dont elle avait toujours ignoré les petites trahisons, et qui était rentré en grâce auprès d'elle pour le faux témoignage qu'il avait si à point porté dans l'affaire de Coconnas et La Mole, lorsqu'on vint lui dire qu'un homme qui disait avoir ne chose de la plus haute importance à lui communiquer, l'attendait dans son oratoire.

Elle descendit précipitamment et trouva le sire de Maurevel.

— *Il* est ici, s'écria l'ancien capitaine des pétardiers, ne laissant point, contre l'étiquette royale, le temps à Catherine de lui adresser la parole.

— Qui, *il?* demanda Catherine.

— Qui voulez-vous que ce soit, Madame, sinon le roi de Navarre?

— Ici! dit Catherine, ici... lui... Henri... et qu'y vient-il faire, l'imprudent?

— Si l'on en croit les apparences, il vient voir madame de Sauve ; voilà tout. Si l'on en croit les probabilités, il vient conspirer contre le roi.

— Et comment savez-vous qu'il est ici ?

— Hier, je l'ai vu entrer dans une maison, et un instant après madame de Sauve est venue l'y joindre.

— Êtes-vous sûr que ce soit lui ?

— Je l'ai attendu jusqu'à sa sortie, c'est-à-dire une partie de la nuit. A trois heures, les deux amants se sont remis en chemin. Le roi a conduit madame de Sauve jusqu'au guichet du Louvre ; là, grâce au concierge, qui est dans ses intérêts sans doute, elle est rentrée sans être inquiétée, et le roi s'en est revenu tout en chantonnant un petit air et d'un pas aussi dégagé que s'il était au milieu de ses montagnes.

— Et où est-il allé ainsi ?

— Rue de l'Arbre-Sec, hôtel de la Belle-Étoile, chez ce même aubergiste où logeaient les deux sorciers que Votre Majesté a fait exécuter l'an passé.

— Pourquoi n'êtes-vous pas venu me dire la chose aussitôt?

— Parce que je n'étais pas encore assez sûr de mon fait.

— Tandis que maintenant?

— Maintenant, je le suis.

— Tu l'as vu?

— Parfaitement. J'étais embusqué chez un marchand de vin en face; je l'ai vu entrer d'abord dans la même maison que la veille; puis, comme madame de Sauve tardait, il a mis imprudemment son visage au carreau d'une fenêtre du premier, et cette fois je n'ai plus conservé aucun doute. D'ailleurs, un instant après, madame de Sauve l'est venue rejoindre de nouveau.

— Et tu crois qu'ils resteront, comme la nuit passée, jusqu'à trois heures du matin ?

— C'est probable.

— Où est donc cette maison ?

— Près de la Croix-des-Petits-Champs, vers Saint-Honoré.

— Bien, dit Catherine. M. de Sauve ne connaît point votre écriture ?

— Non.

— Asseyez-vous là et écrivez.

Maurevel obéit, et prenant la plume :

— Je suis prêt, Madame, dit-il.

Catherine dicta :

« Pendant que le baron de Sauve fait son
« service au Louvre, la baronne est avec un
« muguet de ses amis, dans une maison
« proche de la Croix-des-Petits-Champs,
« vers Saint-Honoré : le baron de Sauve re-
« connaîtra la maison à une croix rouge qui
« sera faite sur la muraille. »

— Eh bien ? demanda Maurevel.

— Faites une seconde copie de cette lettre, dit Catherine.

Maurevel obéit passivement.

— Maintenant, dit la reine, faites remettre une de ces lettres par un homme adroit au baron de Sauve, et que cet homme laisse tomber l'autre dans les corridors du Louvre.

— Je ne comprends pas, dit Maurevel.

Catherine haussa les épaules.

— Vous ne comprenez pas qu'un mari qui reçoit une pareille lettre se fâche ?

— Mais il me semble, Madame, que du temps du roi de Navarre il ne se fâchait pas.

— Tel qui passe des choses à un roi ne les passe peut-être pas à un simple galant. D'ailleurs, s'il ne se fâche pas, vous vous fâcherez, pour lui, vous.

— Moi ?

— Sans doute. Vous prenez quatre hommes, six hommes s'il le faut, vous vous masquez, vous enfoncez la porte, comme si vous étiez les envoyés du baron, vous surprenez les amants au milieu de leur tête-à-tête, vous frappez au nom du mari; et le lendemain le billet perdu dans le corridor du Louvre, et trouvé par quelque âme charitable qui l'a déjà fait circuler, atteste que c'est le mari qui s'est vengé. Seulement, le hasard a fait que le galant était le roi de Navarre; mais qui pouvait deviner cela, quand chacun le croyait à Pau?

Maurevel regarda avec admiration Catherine, s'inclina et sortit.

En même temps que Maurevel sortait de l'hôtel de Soissons, madame de Sauve entrait dans la petite maison de la Croix-des-Petits-Champs.

Henri l'attendait la porte entr'ouverte.

Dès qu'il l'aperçut dans l'escalier :

— Vous n'avez pas été suivie ? dit-il.

— Mais non, dit Charlotte, que je sache, du moins.

— C'est que je crois l'avoir été, dit Henri, non-seulement cette nuit, mais encore ce soir.

— Oh! mon Dieu! dit Charlotte, vous m'effrayez, Sire ; si un bon souvenir donné par vous à une ancienne amie allait tourner à mal pour vous, je ne m'en consolerais pas.

— Soyez tranquille, ma mie, dit le Béarnais, nous avons trois épées qui veillent dans l'ombre.

— Trois, c'est bien peu, Sire.

— C'est assez quand ces épées s'appellent de Mouy, Saucourt et Barthélemy.

— De Mouy est donc avec vous à Paris ?

— Sans doute.

— Il a osé revenir dans la capitale ! Il a

donc, comme vous, quelque pauvre femme folle de lui ?

— Non, mais il a un ennemi dont il a juré la mort. Il n'y a que la haine, ma chère, qui fasse faire autant de sottises que l'amour.

— Merci, Sire.

— Oh! dit Henri, je ne dis pas cela pour les sottises présentes, je dis cela pour les sottises passées et à venir. Mais ne discutons pas là-dessus, nous n'avons pas de temps à perdre.

— Vous partez donc toujours?

— Cette nuit.

— Les affaires pour lesquelles vous étiez revenu à Paris sont donc terminées?

— Je n'y suis revenu que pour vous.

— Gascon !

— Ventre-saint-gris! ma mie, je dis la vérité; mais écartons ces souvenirs : j'ai encore deux ou trois heures à être heureux, et puis une séparation éternelle.

— Ah ! Sire, dit Madame de Sauve, il n'y a d'éternel que mon amour.

Henri venait de dire qu'il n'avait pas le temps de discuter, il ne discuta donc point ; il crut, ou, le sceptique qu'il était, il fit semblant de croire.

Cependant, comme l'avait dit le roi de Navarre, de Mouy et ses deux compagnons étaient cachés aux environs de la maison. Il était convenu que Henri sortirait à minuit de la petite maison au lieu d'en sortir à trois heures, qu'on irait comme la veille reconduire Madame de Sauve au Louvre, et que de là on irait rue de la Cerisaie, où demeurait Maurevel.

C'était seulement pendant la journée qui venait de s'écouler que de Mouy avait enfin eu notion certaine de la maison qu'habitait son ennemi.

— Ils étaient là depuis une heure à peu

près, lorsqu'ils virent un homme, suivi à quelques pas de cinq autres, qui s'approchait de la porte de la petite maison, et qui, l'une après l'autre, essayait plusieurs clés.

A cette vue, de Mouy, caché dans l'enfoncement d'une porte voisine, ne fit qu'un bond de sa cachette à cet homme, et le saisit par le bras.

— Un instant, dit-il, on n'entre pas là.

L'homme fit un bond en arrière, et en bondissant son chapeau tomba.

— De Mouy de Saint-Phale! s'écria-t-il.

— Maurevel! hurla le huguenot en levant son épée. Je te cherchais; tu viens au devant de moi, merci!

Mais la colère ne lui fit pas oublier Henri, et se retournant vers la fenêtre, il siffla à la manière des pâtres béarnais.

— Cela suffira, dit-il à Saucourt. Maintenant, à moi, assassin! à moi!

Et il s'élança vers Maurevel.

Celui-ci avait eu le temps de tirer de sa ceinture un pistolet.

— Ah! cette fois, dit le tueur du roi en ajustant le jeune homme, je crois que tu es mort.

Et il lâcha le coup. Mais de Mouy se jeta à droite, et la balle passa sans l'atteindre.

— A mon tour maintenant, s'écria le jeune homme. Et il fournit à Maurevel un si rude coup d'épée que, quoique ce coup atteignît sa ceinture de cuir, la pointe acérée traversa l'obstacle et s'enfonça dans les chairs.

L'assassin poussa un cri sauvage qui accusait une si profonde douleur que les sbires qui l'accompagnaient le crurent frappé à mort et s'enfuirent épouvantés du côté de la rue Saint-Honoré.

Maurevel n'était point brave. Se voyant abandonné par ses gens et ayant devant lui un adversaire comme de Mouy, il essaya à son tour de prendre la fuite et se sauva par le même chemin qu'ils avaient pris en criant : A l'aide !

De Mouy, Saucourt et Barthélemy, emportés par leur ardeur, les poursuivirent.

Comme ils entraient dans la rue de Grenelle, qu'ils avaient prise pour leur couper le chemin, une fenêtre s'ouvrait et un homme sautait du premier étage sur la terre fraîchement arrosée par la pluie.

C'était Henri.

Le sifflement de de Mouy l'avait averti d'un danger quelconque, et ce coup de pistolet, en lui indiquant que le danger était grave, l'avait attiré au secours de ses amis.

Ardent, vigoureux, il s'élança sur leurs traces l'épée à la main.

— Un cri le guida : il venait de la barrière des Sergents. C'était Maurevel, qui, se sentant pressé par de Mouy, appelait une seconde fois à son secours ses hommes emportés par la terreur.

Il fallait se retourner ou être poignardé par derrière. Maurevel se retourna, rencontra le fer de son ennemi, et presque aussitôt, lui porta un coup si habile que son écharpe en fut traversée. Mais de Mouy riposta aussitôt. L'épée s'enfonça de nouveau dans la chair qu'elle avait déjà entamée, et un double jet de sang s'élança par une double plaie.

— Il en tient! cria Henri, qui arrivait. Sus! sus, de Mouy!

De Mouy n'avait pas besoin d'être encouragé. Il chargea de nouveau Maurevel; mais celui-ci ne l'attendit point. Appuyant sa main gauche sur sa blessure, il reprit une course désespérée.

— Tue-le vite! tue-le! cria le roi; voici

ses soldats qui s'arrêtent, et le désespoir des lâches ne vaut rien pour les braves.

Maurevel, dont les poumons éclataient, dont la respiration sifflait, dont chaque haleine chassait une sueur sanglante, tomba tout à coup d'épuisement ; mais aussitôt il se releva, et, se retournant sur un genou, il présenta la pointe de son épée à de Mouy.

— Amis ! amis ! cria Maurevel, ils ne sont que deux. Feu, feu sur eux !

En effet, Saucourt et Barthélemy s'étaient égarés à la poursuite de deux sbires qui avaient pris par la rue des Poulies, et le roi et de Mouy se trouvaient seuls en présence de quatre hommes.

— Feu ? continuait de hurler Maurevel, tandis qu'un de ses soldats apprêtait effectivement son poitrinal.

— Oui, mais auparavant, dit de Mouy,

meurs, traître, meurs, misérable, meurs damné comme un assassin.

Et saisissant d'une main l'épée tranchante de Maurevel, de l'autre il plongea la sienne du haut en bas dans la poitrine de son ennemi, et cela avec tant de force qu'il le cloua contre terre.

— Prends garde, prends garde! cria Henri.

De Mouy fit un bond en arrière, laissant son épée dans le corps de Maurevel, car un soldat l'ajustait et allait le tuer à bout portant.

En même temps Henri passait son épée au travers du corps du soldat, qui tomba près de Maurevel en jetant un cri.

Les deux autres soldats prirent la fuite.

— Viens! de Mouy, viens! cria Henri. Ne perdons pas un instant; si nous étions reconnus, ce serait fait de nous.

— Attendez, Sire; et mon épée, croyez-vous que je veuille la laisser dans le corps de ce misérable?

Et il s'approcha de Maurevel gisant et en apparence sans mouvement; mais au moment où de Mouy mettait la main à la garde de cette épée, qui effectivement était restée dans le corps de Maurevel celui-ci se releva armé du poitrinal que le soldat avait lâché en tombant, et à bout portant il lâcha le coup au milieu de la poitrine de de Mouy.

Le jeune homme tomba sans même pousser un cri : il était tué raide.

Henri s'élança sur Maurevel ; mais il était tombé à son tour, et son épée ne perça plus qu'un cadavre.

Il fallait fuir ; le bruit avait attiré un grand nombre de personnes, la garde de nuit pouvait venir. Henri chercha, parmi les curieux attirés par le bruit, une figure de connaissance, et tout à coup poussa un cri de joie.

Il venait de reconnaître maître La Hurière.

Comme la scène se passait au pied de la croix du Trahoir, c'est-à-dire en face de la rue de l'Arbre-Sec, notre ancienne connaissance, dont l'humeur naturellement sombre s'était encore singulièrement attristée depuis la mort de La Mole et de Coconnas, ses deux hôtes bien-aimés, avait quitté ses fourneaux et ses casseroles, au moment où justement il apprêtait le souper du roi de Navarre et était accouru.

— Mon cher La Hurière, je vous recommande de Mouy. quoique j'aie bien peur qu'il n'y ait plus rien à faire. Emportez-le chez vous, et s'il vit encore n'épargnez rien, voilà ma bourse. Quant à l'autre, laissez-le dans le ruisseau et qu'il y pourrisse comme un chien.

— Mais vous? dit La Hurière.

— Moi, j'ai un adieu à dire. Je cours, et

dans dix minutes je suis chez vous. Tenez mes chevaux prêts.

Et Henri se mit effectivement à courir dans la direction de la petite maison de la Croix-des-Petits-Champs; mais en débouchant de la rue de Grenelle, il s'arrêta plein de terreur.

Un groupe nombreux était amassé devant la porte.

— Qu'y a-t-il dans cette maison, demanda Henri, et qu'est-il arrivé?

— Oh! répondit celui auquel il s'adressait, un grand malheur, Monsieur. C'est une belle jeune femme qui vient d'être poignardée par son mari, à qui l'on avait remis un billet pour le prévenir que sa femme était avec un amant.

— Et le mari? s'écria Henri.

— Il est sauvé.

— La femme?

— Elle est là.

— Morte?

— Pas encore; mais, Dieu merci, elle n'en vaut guère mieux.

— Oh! s'écria Henri, je suis donc maudit!

Et il s'élança dans la maison.

La chambre était pleine de monde, tout ce monde entourait un lit sur lequel était couchée la pauvre Charlotte, percée de deux coups de poignard.

Son mari, qui pendant deux ans avait dissimulé sa jalousie contre Henri, avait saisi cette occasion de se venger d'elle.

—Charlotte! Charlotte! cria Henri fendant la foule et tombant à genoux devant le lit.

Charlotte rouvrit ses beaux yeux déjà voilés par la mort, elle jeta un cri qui fit jaillir le sang de ses deux blessures, et faisant un effort pour se soulever:

— Oh! je savais bien, dit-elle, que je ne pouvais pas mourir sans le revoir.

Et en effet, comme si elle n'eût attendu que ce moment pour rendre à Henri cette âme qui l'avait tant aimé; elle appuya ses lèvres sur le front du roi de Navarre, murmura encore une dernière fois : Je t'aime, et retomba expirée.

Henri ne pouvait rester plus longtemps sans se perdre. Il tira son poignard, coupa une boucle de ses beaux cheveux blonds qu'il avait si souvent dénoués pour en admirer la longueur, et sortit en sanglotant au milieu des sanglots des assistants, qui ne se doutaient pas qu'ils pleuraient sur de si hautes infortunes.

— Ami, amour, s'écria Henri éperdu, tout m'abandonne, tout me quitte, tout me manque à la fois!

— Oui, Sire, lui dit tout bas un homme

qui s'était détaché du groupe de curieux amassé devant la petite maison et qui l'avait suivi, mais vous avez toujours le trône.

— René ! s'écria Henri.

— Oui, Sire, René qui veille sur vous : ce misérable en expirant vous a nommé; on sait que vous êtes à Paris, les archers vous cherchent, fuyez, fuyez.

— Et tu dis que je serai roi, René! un fugitif!

— Regardez, Sire, dit le Florentin en montrant au roi une étoile qui se dégageait, brillante, des plis d'un nuage noir, ce n'est pas moi qui le dis, c'est elle.

Henri poussa un soupir et disparut dans l'obscurité.

FIN

TABLE

DU SIXIÈME VOLUME.

	Pages
Chap. I. Actéon	1
II. Le bois de Vincennes	23
III. La figure de cire	47
IV. Les boucliers invisibles	87
V. Les juges	109
VI. La torture du brodequin	141
VII. La chapelle	171
VIII. La place Saint-Jean en-Grève	187
IX. La tour du pilori	203
X. La sueur de sang	235
XI. La plate-forme du donjon de Vincennes	269
XII. La régence	285
XIII. Le roi est mort : vive le roi	291
XIV. Épilogue	287

Sceaux. — Impr. de E. Dépée.

BIBLIOTHÈQUE DRAMATIQUE

Publiée par MICHEL LÉVY frères.

Pièces de Théâtre en vente.

1re SÉRIE, FORMAT GRAND IN-8.

	fr.	c.
Le Serpent sous l'herbe, vaudeville en 1 acte	»	50
La Carotte d'Or, comédie-vaudeville en 1 acte	»	50
Les Frères Dondaine, vaudeville en 1 acte	»	60
Juanita, comédie-vaudeville en 2 actes	»	60
Philippe II, roi d'Espagne, drame en 5 actes; précédé de l'Étudiant d'Alcala, prologue	»	60
L'Étoile du Berger, féerie en 14 tableaux	»	60
Le Trompette de M. le Prince, opéra-comique en 1 acte	»	60
Le Petit-Fils, comédie-vaudeville en 1 acte	»	60
Le Jardin d'Hiver, comédie-vaudeville en 1 acte	»	50
Rocambolle le Bateleur, vaudeville en 2 actes	»	50
Frisette, comédie-vaudeville en 1 acte	»	50
Les Mousquetaires de la Reine, opéra-comique en 3 actes	1	»
Le Lait d'Anesse, comédie-vaudeville en 1 acte	»	50
Le Roman comique, comédie-vaudeville en 3 actes	»	60
Un Mari qui se dérange, comédie-vaudeville en 2 actes	»	60
La Famille Poisson, comédie en 1 acte	»	60
La Mère de Famille, vaudeville en 1 acte	»	50
L'Enfant du Carnaval, vaudeville en 3 actes	»	60
Don Juan, opéra en 5 actes	1	»
Monsieur de Maugaillard, comédie en 1 acte	»	60
La Femme de mon mari, vaudeville en 2 actes	»	60
L'Inconsolable, vaudeville en 3 actes	»	60
Le Gamin de Londres, drame-vaudeville en 3 actes	»	60

2e SÉRIE, FORMAT IN-18 ANGLAIS.

	fr.	c.
Le Gant et l'Éventail, comédie-vaudeville en 3 actes	»	60
La Baronne de Blignac, comédie-vaudeville en 1 acte	»	50
L'Inventeur de la Poudre, vaudeville en 1 acte	»	50
Le Château des Sept-Tours, drame en 5 actes	»	60
Sport et Turf, gentilhommerie en 2 actes	»	60
Le Docteur Noir, drame en 7 actes	»	60
Françoise de Rimini, tragédie en 3 actes	»	60
Charlotte, drame en 3 actes, précédé de La Fin d'un Roman, prologue	»	60
Clarisse Harlowe, drame en 3 actes	»	60
Madame de Tencin, drame en 5 actes	»	60
Gentil-Bernard, ou l'Art d'Aimer, comédie-vaudeville en 5 actes	»	60

La BIBLIOTHÈQUE DRAMATIQUE publiera, à l'avenir, toutes les œuvres théâtrales de MM. Bayard, Anicet Bourgeois, Dumanoir, Lockroy, Mélesville et Frédéric Soulié, qui se sont engagés également pour leurs collaborateurs, et les œuvres choisies des meilleurs auteurs dramatiques.

Il paraît 3 ou 4 pièces par mois. — 4 volumes par an.

Prix de chaque volume, 5 francs.

CHAQUE VOLUME ET CHAQUE PIÈCE SE VENDENT SÉPARÉMENT.

Impr. de E. Dépée, à Sceaux (Seine.)

www.ingramcontent.com/pod-product-compliance
Lightning Source LLC
Chambersburg PA
CBHW060354170426
43199CB00013B/1862